Controlando TOC com TCC Para leigos

FOLHA DE MEDIDAS DIÁRIAS DE TCC

Se você espera tratar seu Transtorno Obssessivo Compulsivo (TOC) com Terapia Cognitivo-Comportamenteal (TCC), precisa ser capaz de reconhecer algumas coisas sobre sua condição. Registrar sintomas-chave do seu TOC pode ajudá-lo de várias maneiras:

- Uma medida personalizada de progresso lhe dá um retorno importante sobre a recuperação.
- Você ter como base o período de uma ou duas semanas antes de começar seu tratamento, para em seguida comparar seu progresso.
- Manter um registro da sua fuga e das compulsões lhe ajudará a manter o foco sobre o que é mais importante mudar.
- Saber que você está registrando a frequência de comportamentos inúteis o ajudará a se motivar a mudar.

À medida que trabalha para obter o controle do seu TOC, pode usar esta folha para monitorar seu progresso e ajudá-lo a se manter no caminho certo.

DATA: _____

Por favor, classifique os seguintes itens de acordo com o que fez *hoje*:

1. Quantas vezes eu evitei algo como resultado do meu TOC?
2. O que eu evitei?
3. Quantas vezes tentei buscar reafirmação?
4. Quantas _____ (compulsão) eu realizei?
5. Aproximadamente quantas horas eu gastei envolvendo-me em minha obsessão hoje?
6. Qual é meu grau de angústia hoje (em uma escala de 0 a 10, em que 0 é sem angústia nenhuma e 10 é a pior que já senti)?

Cuidado com o seu demônio do TOC, que pode estar dizendo "Você não está melhorando rápido o bastante. Esse processo não está funcionando, então não tem por que fazer isso!". Não o escute. Comprometa-se completamente e ocasionalmente revise sua pontuação, para ver como seu progresso está caminhando.

Controlando o TOC com TCC Para leigos

DEZ DICAS PARA LIDAR COM A RECUPERAÇÃO TCC

Embora possivelmente seja uma das melhores decisões que você tomará, libertar-se do TOC é um projeto desafiador. Aqui estão algumas coisas para pensar, informadas por experiências de outras pessoas recuperando-se de TOC, que podem ajudá-lo na estrada da recuperação.

- **Reconhecendo que você é um indivíduo:** A experiência do TOC é diferente para cada um e não há uma maneira certa de superá-lo. Trata-se de adequar os princípios do tratamento ao seu problema e fazê-lo funcionar para você.

- **Esperar contratempos:** Contratempos são uma parte natural do processo. Uma pessoa prevenida vale por duas: se você espera ter contratempos, não ficará surpreso ou chateado quando eles surgirem.

- **Ser realista sobre sua recuperação:** Não há regras sobre quanto tempo leva para se recuperar do seu TOC. A recuperação pode ser diferente para cada um. Foque em dar pequenos passos e manter os ganhos que você teve.

- **Possuindo seu progresso:** Só você pode realmente saber o quanto da batalha está ganhando. Às vezes, amigos e familiares podem não ver quando você triunfa sobre o TOC internamente. Em vez disso, podem focar nas ocasiões nas quais o TOC aparece para roubar o melhor de você. Essa situação pode ser frustrante, mas se lembre de que as pessoas que o apoiam provavelmente têm as melhores intenções.

- **Lidando com outros problemas:** À medida que seu TOC melhora, você pode descobrir que outros problemas surgem. Esses podem ser problemas que o TOC estava mascarando ou os que se desenvolveram enquanto você estava ocupado lidando com seu TOC. Acertar as contas com eles é outro estágio no processo de recuperação.

- **Sobrevivendo à reação emocional:** As pessoas imaginam que sentirão exaltação à medida que seu TOC melhora, mas normalmente há outros sentimentos mais desafiadores com os quais lidar. Eles podem incluir raiva por ter tido TOC ou um sentido de perda de tempo, oportunidades, confiança, experiências, e assim por diante, que seu TOC roubou de você. Permita-se um tempo para ficar de luto. Essa é uma parte importante do processo de recuperação.

Controlando o TOC com TCC Para leigos

Controlando o TOC com TCC para leigos

Katie d'Ath

Rob Willson

ALTA BOOKS
EDITORA
Rio de Janeiro, 2017

Controlando TOC com TCC Para Leigos®
Copyright © 2017 da Starlin Alta Editora e Consultoria Eireli. ISBN: 978-85-508-0048-6

Translated from original Managing OCD with CBT For Dummies® by Katie d'Ath and Rob Willson. Copyright © 2016 by John Wiley & Sons, Ltd. ISBN 978-1-119-07414-4. This translation is published and sold by permission of © 2016 John Wiley & Sons, Ltd., the owner of all rights to publish and sell the same. PORTUGUESE language edition published by Starlin Alta Editora e Consultoria Eireli, Copyright © 2017 by Starlin Alta Editora e Consultoria Eireli.

Todos os direitos estão reservados e protegidos por Lei. Nenhuma parte deste livro, sem autorização prévia por escrito da editora, poderá ser reproduzida ou transmitida. A violação dos Direitos Autorais é crime estabelecido na Lei nº 9.610/98 e com punição de acordo com o artigo 184 do Código Penal.

A editora não se responsabiliza pelo conteúdo da obra, formulada exclusivamente pelo(s) autor(es).

Marcas Registradas: Todos os termos mencionados e reconhecidos como Marca Registrada e/ou Comercial são de responsabilidade de seus proprietários. A editora informa não estar associada a nenhum produto e/ou fornecedor apresentado no livro.

Impresso no Brasil — 1ª Edição, 2017 - Edição revisada conforme o Acordo Ortográfico da Língua Portuguesa de 2009.

Obra disponível para venda corporativa e/ou personalizada. Para mais informações, fale com projetos@altabooks.com.br

Produção Editorial Editora Alta Books	Gerência Editorial Anderson Vieira	Marketing Editorial Silas Amaro marketing@altabooks.com.br	Gerência de Captação e Contratação de Obras autoria@altabooks.com.br	Vendas Atacado e Varejo Daniele Fonseca Viviane Paiva
Produtor Editorial Claudia Braga Thiê Alves	Supervisão de Qualidade Editorial Sergio de Souza			comercial@altabooks.com.br **Ouvidoria** ouvidoria@altabooks.com.br
Produtor Editorial (Design) Aurélio Corrêa	Assistente Editorial Renan Castro			
Equipe Editorial	Bianca Teodoro	Christian Danniel	Illysabelle Trajano	Juliana de Oliveira
Tradução Samantha Batista	**Revisão Gramatical** Priscila Gurgel Alessandro Thomé	**Revisão Técnica** Vanessa Lima Mestre em Ciências na área de Saúde Pública	**Diagramação** Joyce Matos	

Erratas e arquivos de apoio: No site da editora relatamos, com a devida correção, qualquer erro encontrado em nossos livros, bem como disponibilizamos arquivos de apoio se aplicáveis à obra em questão.
Acesse o site www.altabooks.com.br e procure pelo título do livro desejado para ter acesso às erratas, aos arquivos de apoio e/ou a outros conteúdos aplicáveis à obra.

Suporte Técnico: A obra é comercializada na forma em que está, sem direito a suporte técnico ou orientação pessoal/exclusiva ao leitor.

Dados Internacionais de Catalogação na Publicação (CIP)
Vagner Rodolfo CRB-8/9410

D233c d'Ath, Katie

Controlando TOC com TCC: para leigos / Katie d'Ath, Rob Willson ;
traduzido por Samantha Batista. - Rio de Janeiro : Alta Books, 2016.
176 p. ; 14cm x 21cm.

Inclui índice.
Tradução de: Managing OCD with CBT for dummies
ISBN: 978-85-508-0048-6

1. Psiquiatria. 2. Terapia cognitivo-comportamental. 3. TOC - Transtorno obsessivo-compulsivo. 4. TCC - Terapia Cognitivo Comportamental. I. Willson, Rob. II. Batista, Samantha. III. Título.

CDD 616.85227
CDU 616.89

Rua Viúva Cláudio, 291 — Bairro Industrial do Jacaré
CEP: 20.970-031 — Rio de Janeiro (RJ)
Tels.: (21) 3278-8069 / 3278-8419
ALTA BOOKS   www.altabooks.com.br — altabooks@altabooks.com.br
EDITORA   www.facebook.com/altabooks — www.instagram.com/altabooks

Sobre os Autores

Katie d'Ath é terapeuta cognitivo-comportamental especializada no tratamento de transtornos de ansiedade e do espectro obsessivo-compulsivo. Tem mestrado da Goldsmiths College, Universidade de Londres e é credenciada pela British Association of Behavioural and Cognitive Psychotherapists. Antes de se estabelecer na área privada, trabalhou no National Health Service, no Reino Unido, e no The Priory Hospital North London.

Katie é particularmente interessada no aumento da conscientização sobre problemas de saúde mental e em aumentar o acesso à autoajuda. Tem um canal no YouTube dedicado a fornecer tutoriais gratuitos sobre TCC. Ela fez várias aparições na TV, apresenta-se regularmente em conferências de caridade sobre saúde mental e está no conselho consultivo para Ação TOC. Este é seu primeiro livro.

Rob Willson é terapeuta cognitivo-comportamental em North London, com interesse especial em problemas obsessivos. Atualmente divide a maior parte de seu tempo de trabalho entre ver pacientes, realizar pesquisas, escrever e ensinar.

Ele é presidente da Body Dysmorphic Disorder (BDD) Foundation, a primeira instituição do mundo dedicada exclusivamente ao BDD. Antes de construir sua própria clínica, Rob passou 12 anos trabalhando no Priory Hospital North London, onde foi terapeuta e gerente de serviços terapêuticos. Ele também treinou e supervisionou vários terapeutas cognitivos-comportamentais ao longo de um período de sete anos trabalhando na Goldsmiths College, Universidade de Londres, e completou seu Ph.D. no Instituto de Psiquiatria em Londres.

Rob foi coautor de vários livros, incluindo o best-seller *Terapia Cognitivo-Comportamental Para Leigos* (Alta Books) e *Overcoming Obsessive Compulsive Disorder*. Seus principais interesses clínicos são ansiedade e problemas obsessivos e disseminação dos princípios da TCC através da autoajuda. Ele tem sido destaque em vários artigos de jornais e revistas e fez várias aparições em rádio e TV.

Dedicatória

Dedicamos este livro a todos os voluntários, funcionários e profissionais envolvidos nas instituições de caridade ao redor do mundo que fornecem informações e apoio a pessoas afetadas pelo TOC.

Agradecimentos dos Autores

Gostaríamos muito de agradecer aos indivíduos com TOC, suas famílias, parceiros e amigos que foram a inspiração para este livro. O TOC pode ser um problema realmente devastador, e é a coragem, a determinação, a bondade e o humor tão frequentemente mostrados por pessoas com TOC que tornam o trabalho de ser terapeuta tão recompensador.

Também gostaríamos de agradecer aos outros que ajudaram a concretizar este livro. Especialmente Annie Knight e Christina Guthrie, que têm sido altamente pacientes, flexíveis e favoráveis. Também apreciamos muito a revisão técnica do manuscrito e os comentários encorajadores do nosso colega Nick Page e a edição de texto feita por Megan Knoll. Somos, como sempre, gratos a nossos parceiros e famílias, que nos apoiaram de várias maneiras ao longo deste processo.

Devemos reconhecer ainda todos os médicos e pesquisadores que contribuíram muito para o campo da terapia comportamental e da terapia cognitivo-comportamental para TOC, sem os quais este livro definitivamente não existiria. Entre outros, incluem-se David A. Clark, Lynne Drummond, Edna Foa, Mark Freeston, Isaac Marks, Stanley Rachman, Adam Radomsky, Paul Salkovskis, Roz Shaffran, Gail Steketee, David Veale e Adrian Wells.

Sumário Resumido

Introdução 1

Parte 1: Entendendo o TOC 5

CAPÍTULO 1: Tudo sobre TOC. 7
CAPÍTULO 2: Apresentando a TCC para o TOC. 15

Parte 2: Pensando sobre Pensamentos 29

CAPÍTULO 3: Pensando sobre Seus Pensamentos 31
CAPÍTULO 4: Explorando Crenças e Significados 39
CAPÍTULO 5: Respostas Mentais 47

Parte 3: Atacando Seu TOC Ativamente 65

CAPÍTULO 6: Explorando a Exposição e Prevenção
de Resposta. 67
CAPÍTULO 7: Construindo Seus Próprios Exercícios de Exposição
e Prevenção de Resposta. 77
CAPÍTULO 8: Vencendo o TOC Um Dia de Cada Vez 99

Parte 4: Sai Pra Lá, TOC — Colocando-se no Comando. 111

CAPÍTULO 9: Reivindicando Sua Vida do TOC 113
CAPÍTULO 10: Construindo um Futuro Melhor 119

Parte 5: A Parte dos Dez 125

CAPÍTULO 11: Dez Dicas para a Família e Amigos de uma
Pessoa com TOC 127
CAPÍTULO 12: Dez Coisas das quais Você Precisa para Ajudá-lo
a Combater Seu TOC. 139
CAPÍTULO 13: Dez Armadilhas para Evitar na Recuperação
do TOC 147

Índice 153

Sumário

INTRODUÇÃO 1
    Sobre Este Livro 1
    Penso que…... 2
    Ícones Usados Neste Livro 2
    Além do Livro 3
    De Lá Para Cá... Daqui Para Lá.................... 3

PARTE 1: ENTENDENDO O TOC 5

CAPÍTULO 1: Tudo sobre TOC 7
    Sabendo o que É e o que Não É TOC 8
    Deliberando sobre o Diagnóstico 9
    Considerando as Causas........................... 10
    Observando as Obsessões........................ 10
    Esclarecendo as Compulsões..................... 11
    Reconhecendo a Fuga............................. 12
    Calculando as Chances de Cura 13

CAPÍTULO 2: Apresentando a TCC para o TOC 15
    Familiarizando-se com a TCC 16
        Encurralando a cognição 16
        Examinando a emoção 17
        Fixando a fisiologia........................... 17
        Abotoando comportamentos 18
        Inspecionando interações 19
    Visualizando sua Flor Viciosa 25

PARTE 2: PENSANDO SOBRE PENSAMENTOS .. 29

CAPÍTULO 3: Pensando sobre Seus Pensamentos ... 31
    Trazendo Pensamentos à Tona Vs. Pensando 32
        Pensamentos automáticos ou pop-up........... 32
        Pensamentos invasivos........................ 32
        Pensamentos invasivos versus pensamentos
            de resposta 33
    Seguindo o Caminho do Pensamento à Obsessão ... 35

xi

Apresentando a equação da obsessão 35
Evitando fazer uma interpretação positiva
    sobre seus pensamentos 36
Aprendendo a deixar de usar seus sentimentos
    como guia 37
Entendendo por que a obsessão é centralizada
    em ideias contraditórias 37

CAPÍTULO 4: Explorando Crenças e Significados 39

Descobrindo Crenças que o Levam a Tentar
Controlar Pensamentos 40
    Eu não deveria ter esses pensamentos
        (deve significar algo ruim) 40
    Eu deveria ser capaz de controlar esses
        pensamentos (vou enlouquecer). 41
    Se eu pensar, será tão ruim quanto fazer 41
    Se eu pensar, serei mais propenso a fazer 41
    Se eu pensar, é mais provável que aconteça 42
    Se eu pensar nisso, sou responsável por
        evitar isso. 43
Reconhecendo que Você Não Pode Controlar
o que Surge na Sua Cabeça. 44
Desmascarando a Crença "Eu Deveria Ser Capaz
de Controlar Meus Pensamentos" 45
Retirando o Poder do Pensar Mágico. 46

CAPÍTULO 5: Respostas Mentais 47

Envolvendo-se com Pensamentos 48
    Racionalizando 49
    Reafirmação 49
    Verificando 49
    Usando a preparação mental 50
    Introspecção 51
Suprimindo Pensamentos 51
    Evitando que pensamentos entrem na
        sua mente 52
    Afastando pensamentos. 53
    Mudando ou substituindo pensamentos 53
Entendendo Por Que Afastar Pensamentos Não
Funciona. 54
Controlando Suas Respostas 54
    Mudando suas atitudes em relação a seus
        pensamentos 55
    Praticando a consciência plena. 55

Meditação da consciência plena 57
Desmascarando Preocupações cuja Resposta ou
Atenção Você Não Pode Controlar 57
    Regulando respostas automáticas 58
    Introduzindo o redirecionamento de atenção 59
Praticando a Reeducação da Sua Atenção 59
Tendo Muito Foco Interno: O Problema............ 61
Redirecionando Seu Foco para Fora da Sua Cabeça .. 61
Diferenciando entre Distração e Redirecionamento .. 64

PARTE 3: ATACANDO SEU TOC ATIVAMENTE ..65

CAPÍTULO 6: Explorando a Exposição e Prevenção de Resposta 67

Desmembrando a EPR 68
    Explicando o termo EPR 68
    Vendo por que só a prevenção de resposta
    raramente é o suficiente..................... 69
    Esclarecendo como a EPR funciona 69
    Desvendando o ingrediente secreto: Ações
    antiTOC...................................... 70
    Fazendo exposições deliberadas 72
Respondendo a Perguntas Comuns de EPR 73
    Como devo esperar me sentir quando faço EPR? . 73
    Com que frequência preciso de EPR? 74
    Quanto tempo vai demorar para eu melhorar?... 75
    E se eu não tiver nenhuma compulsão? 76
    E se o problema piorar? 76

CAPÍTULO 7: Construindo Seus Próprios Exercícios de Exposição e Prevenção de Resposta 77

Esclarecendo os Detalhes de EPR 78
    Montando sua própria hierarquia............... 78
    Criando uma lista das suas compulsões comuns . 81
O Evento Principal: Realizando a EPR 83
    Determinando por onde começar sua EPR na
    hierarquia 84
    Indo além do que é "normal"................... 85
    Desmembrando tarefas que parecem
    impossíveis 86
    Fazendo seu caminho por toda a hierarquia 87
    Sabendo quando você pode parar o exercício.... 87

Explorando Ideias para Exercícios de EPR........... 88
Lidando com Obstáculos 93
   Realizando uma compulsão depois de uma
      exposição.................................... 93
   Trabalhando com níveis altos de desconforto 94
   Resolução de problemas quando você não
      está aflito em exercícios de EPR 95
   Arranjando tempo para EPR 96
   Aceitando quando não vai bem................ 96
   Percebendo que o tratamento tornou-se parte
      do problema 97

CAPÍTULO 8: Vencendo o TOC Um Dia de Cada Vez..99
   Fazendo um Plano Diário Passo a Passo 100
      Passo 1: Entendendo o objetivo da TCC
         para TOC 100
      Passo 2: Criando marcos 101
      Passo 3: Planejando sua EPR.................. 102
      Passo 4: Fazendo sua EPR 103
      Passo 5: Mantendo o controle da sua EPR 105
      Passo bônus: Conferindo a lista de
         verificação diária........................ 105
   Continuando Motivado 106
      Sendo paciente (Roma não foi construída em
         um dia)................................... 106
      Reconhecendo seu progresso................. 107
      Recompensando a si mesmo.................. 107

PARTE 4: SAI PRA LÁ, TOC — COLOCANDO-SE NO COMANDO 111

CAPÍTULO 9: Reivindicando Sua Vida do TOC....... 113
   Valorizando Valores............................ 114
      Visualizando o fim da linha.................... 114
      Fazendo perguntas a si mesmo sobre o que
         é importante.............................. 115
   Torne-se Mais Você, Menos TOC................... 117

CAPÍTULO 10: Construindo um Futuro Melhor 119
   Refocando a Recuperação 120
   Examinando Partes Negligenciadas da Sua
      Personalidade................................ 120

Pegando Gosto por Hobbies e Interesses..........121
Dominando a Medicação........................121
Considerando Ajuda Profissional..................123

PARTE 5: A PARTE DOS DEZ.......................125

CAPÍTULO 11: Dez Dicas para a Família e Amigos de uma Pessoa com TOC............... 127

Lembrando que Seu Amado Não É o TOC Dele.....128
Percebendo que Você Não Pode Forçar
Alguém a Mudar................................128
Evitando Dar Reafirmações 129
Deixando a Pessoa com TOC Ditar o Ritmo 130
Recusando-se a Participar de Rituais...............131
Reconhecendo o Progresso, Não Importa o
Tamanho.......................................133
Envolvendo-se em Buscas Mais Interessantes......134
Contendo-se em Ser Acomodado.................134
Reconhecendo o TOC Disfarçado como uma
Preocupação Legítima..........................136
Respondendo Quando Nada Parece Mudar........138

CAPÍTULO 12: Dez Coisas das quais Você Precisa para Ajudá-lo a Combater Seu TOC.. 139

Correr Riscos...................................140
Tolerância da Incerteza.........................141
Humor 141
Sono de Boa Qualidade.........................142
Espontaneidade................................143
Alimentação Saudável..........................143
Vontade de Experimentar Angústia e Desconforto..143
Hobbies e Atividades...........................144
Aceitação......................................145
Exercícios......................................146

CAPÍTULO 13: Dez Armadilhas para Evitar na Recuperação do TOC.................... 147

Precisar Estar 100% Certo de que Você tem TOC
Antes de Começar 148
Medo de que a Mudança Será Muito Difícil.........148
Confundir a Afirmação dos Seus Direitos com a
Tirania do TOC 148

XV

Procurar Apenas a Pessoa Certa para Ajudá-lo 149
Insistir em um Tratamento 100% Completo 149
Não Ser Claro em Seu Objetivo 149
Confundir Liberdade do TOC com Liberdade de
Pensamentos Invasivos 150
Ficar com Muito Medo de Piorar as Coisas 150
Indo para o "Normal" Cedo Demais 151
Não preencher o Vazio Cedo o Suficiente como
uma Medida de Prevenção de Recaídas 151

ÍNDICE 153

Introdução

Bem-vindo ao mundo da terapia cognitivo-comportamental (TCC) para transtorno obsessivo-compulsivo (TOC). Tornar-se seu próprio especialista em TOC e em como superá-lo ajuda se você está processando um diagnóstico recente, tentando alguma autoajuda, trabalhando com um terapeuta, tomando medicação ou talvez pensando em dar outra chance para a recuperação. Em média, uma pessoa espera dez anos para obter ajuda com TOC, mas as pessoas realmente se libertam dele. Esperamos que este livro o ajude a fazer exatamente isso.

Sobre Este Livro

Nós escrevemos *Controlando o TOC com TCC* como um recurso para pessoas que de alguma maneira estão lutando contra o TOC. Se você tem TOC ou conhece alguém que tenha, nós queremos que este livro o ajude a entender bem o problema e mostrar a você como ajudar a si mesmo (ou a outra pessoa) a enfrentar o problema.

Entender o TOC é o primeiro passo para criar mudança; conheça seu inimigo e você poderá armar-se bem para lutar contra ele. Quando você conhece o básico, pode criar uma imagem clara do seu próprio círculo vicioso de obsessões e compulsões. Neste livro, mostramos como responder ao seu TOC de maneira diferente e oferecemos muitas dicas e conselhos práticos para ajudá-lo a trabalhar em direção ao seu objetivo de superar o TOC. Mas saber a teoria provavelmente não mudará nada. Você tem que realmente comprometer-se (e manter-se assim) a experimentar se comportar de maneira diferente se quiser ver mudanças. É como aprender uma língua; você pode estudar todas as regras gramaticais e até o vocabulário, mas não ficará fluente a não ser que comece a usar a língua para se comunicar.

Este livro não é apenas sobre se livrar do TOC, mas também sobre reconhecer o que você pode estar perdendo como resultado do seu TOC. Ele encoraja você a observar a ideia geral e pensar sobre sua vida além do TOC; sugere que você coloque mais ênfase em atividades agradáveis e recompensadoras para que possa criar a vida que quer levar.

Temos mais de trinta anos de experiência em ajudar pessoas a superar o TOC e temos tentado nos manter próximos da prática com base em evidência. Nós somos médicos, baseamos nosso conselho em relação à medicação no National Institute for Health do Reino Unido e no guia para TOC Care Excellence (NICE) (www.nice.org.uk/guidance/cg31). Ele é compilado por especialistas do campo, que se aproveitam de pesquisas de alta qualidade para guiar suas recomendações.

Embora este livro seja destinado a ajudar a si mesmo, ninguém espera que você vença o TOC completamente sozinho. Veja que apoio você consegue obter de seu médico e de pessoas queridas e observe algumas das excelentes instituições de caridade que existem para pessoas com TOC.

Penso que...

Um aviso: Este livro não será um par perfeito para o seu TOC. Se você tem TOC, nossa experiência nos diz que sua esperança por alívio da responsabilidade e das dificuldades em tolerar a incerteza significa que você tenderá a focar na maneira em que seu TOC é "diferente".

Tudo o que podemos dizer é que os princípios esboçados aqui quase certamente se relacionam com seu TOC, então foque em aplicá-los à sua experiência pessoal do TOC, em vez de focar nas dúvidas sobre se este livro é ou não "bom" para você.

Ícones Usados Neste Livro

Para ajudá-lo a localizar informações vitais, colocamos ícones ao longo do texto para destacar pepitas de sabedoria.

EXPERIMENTE

Este ícone sugere uma coisa prática a fazer ou tentar para ajudá-lo a colocar em prática aquilo do que quer que estejamos falando.

O ícone Lembre-se pede para que você pare e anote algo que é particularmente importante e que vale a pena guardar na memória.

 O ícone Cuidado destaca armadilhas comuns com as quais vale a pena tomar cuidado. Não se preocupe, é muito comum cair nelas. É por isso que sabemos como apontá-las.

 O ícone Demônio do TOC dá um exemplo do tipo de argumento que seu TOC pode arranjar para tentar desencorajá-lo ou tirá-lo dos trilhos. Há muitas maneiras de o TOC tentar fazer isso, então não se preocupe se o seu apresentar um argumento diferente. Só note que é o seu TOC falando e fique com o pé atrás!

 Dicas são ideias práticas que podem suavizar sua jornada de recuperação.

Além do Livro

Confira a Folha de Cola no site da Alta Books, em www.altabooks.com.br/, pesquisando pelo nome do livro.

De Lá Para Cá... Daqui Para Lá

Este é um livro de referência, então você pode lê-lo do início ao fim para melhorar seu entendimento geral de TCC para TOC, ou pode ir direto à página que mais lhe interessa. (Isso é especialmente bom para lembrar se você tem uma tendência forte em ser excessivamente minucioso.) O importante é usar o livro da maneira que você achar mais útil.

O melhor lugar para começar é no Capítulo 1, que apresenta TCC para TOC. Se você já entende o básico, pode querer pular direto para a Parte III, para detalhes sobre como combater o TOC. Vários tópicos de TCC para TOC são inter-relacionados, então fornecemos referências cruzadas ao longo do livro para o direcionar para outros capítulos relevantes. Você pode ir direto para lá ou guardar a informação relacionada para mais tarde — o que funcionar melhor para você.

1 Entendendo o TOC

NESTA PARTE...

Familiarize-se com a natureza do transtorno obsessivo-compulsivo (TOC).

Reconheça como a terapia cognitivo-comportamental (TCC) pode ajudar a tratar seu TOC.

> **NESTE CAPÍTULO**
>
> Explicando o transtorno obsessivo-compulsivo (TOC)
>
> Explorando se você pode ter TOC
>
> Obtendo uma visão geral do que pode estar mantendo o seu TOC

Capítulo 1
Tudo sobre TOC

Transtorno obsessivo-compulsivo, normalmente chamado de TOC, para abreviar, é um transtorno comum que afeta muitas pessoas em todo o mundo. Por muito tempo, o TOC foi considerado raro, mas pesquisas mostram que entre 2% e 3% das pessoas provavelmente sofrerão de TOC em algum ponto da vida, então você não está sozinho!

Neste capítulo nós explicamos o que é TOC em mais detalhes e o ajudamos a averiguar se os problemas que você está experienciando provavelmente são TOC.

Sabendo o que É e o que Não É TOC

O *Transtorno obsessivo-compulsivo* (TOC) é caracterizado por obsessões (veja "Observando as Obsessões", posteriormente neste capítulo) e/ou compulsões (veja "Esclarecendo as Compulsões", posteriormente neste capítulo) — mais comumente ambas. Alguém com TOC que não experiencia obsessões e compulsões é realmente muito raro; no entanto, às vezes as pessoas estão conscientes apenas de suas compulsões, como lavar ou verificar, e não notam as obsessões que as causam. Similarmente, algumas pessoas podem estar cientes apenas de experimentarem obsessões e não percebem que estão realizando compulsões mentais internas. (Para mais sobre compulsões mentais, veja o Capítulo 5.)

O TOC varia em gravidade, causando aflição e impactando negativamente a sua rotina cotidiana, e pode vir a ser totalmente debilitante a ponto de você ser incapaz de funcionar normalmente.

LEMBRE-SE

Ao contrário da crença popular, o TOC não é simplesmente um transtorno em que a pessoa lava demais as mãos, verifica as coisas ou mantém tudo em ordem. Você pode ter ouvido pessoas dizendo "Eu estou com TOC", normalmente referindo-se à tendência de gostar das coisas limpas e arrumadas; entretanto, as pessoas podem ter uma forte preferência por coisas em ordem e não terem TOC. Nestes casos, as pessoas acham sua preferência por limpeza e ordem um atributo útil, do qual muitas vezes obtêm satisfação.

Pessoas com TOC normalmente têm momentos de dúvida —"Eu desliguei minha chapinha?" —, que as levam a checar novamente. Essa tendência é parte de ser humano e não significa que você tem TOC. Se, por outro lado, você verificar repetidamente o item em uma tentativa de sentir-se absolutamente certo, então você pode muito bem ter TOC.

TOC é um transtorno complexo e, muitas vezes, debilitante que o sofredor não acha útil ou agradável. As pessoas que sofrem de TOC tendem a ter altos níveis de desconforto, muitas vezes na forma de ansiedade, culpa ou desgosto. Pessoas com TOC normalmente têm um sentido muito alto de responsabilidade de prevenir danos e tendem a sentir níveis altos de dúvida e incerteza. Uma pessoa com TOC tende a saber que esses comportamentos ou respostas a suas obsessões são ridículos, mas sentem-se impotentes em parar de realizá-los.

Alguns problemas são considerados parte da família do TOC, mas não são necessariamente a mesma coisa que TOC:

> » **Transtorno dismórfico corporal (TDC):** Uma preocupação angustiante com a ideia de ser feio
>
> » **Transtorno de acumulação:** Uma compulsão por acumular objetos que interfere na vida
>
> » **Transtorno de puxar o cabelo (tricotilomania):** Uma compulsão ou impulso de puxar e arrancar cabelos do corpo
>
> » **Dermatotilexomania:** Uma compulsão ou impulso de apertar pontos ou cutucar áreas da pele
>
> » **Hipocondria (Ansiedade de saúde)** : Uma preocupação angustiante com a ideia de estar doente (normalmente apesar de ter recebido garantia médica de estar bem) ou medo de ficar doente

DICA

Se você acha que uma dessas condições descreve melhor o seu caso, sugerimos buscar conselho adicional que seja específico para o seu problema.

Deliberando sobre o Diagnóstico

A seguir está um questionário de triagem do Conselho Internacional sobre TOC que pode lhe dar uma indicação sobre se você sofre do transtorno:

> » Você se lava ou se limpa muito?
>
> » Você verifica muito as coisas?
>
> » Há algum pensamento que o incomoda do qual quer se livrar mas não consegue?
>
> » Suas atividades demoram muito tempo para terminar?
>
> » Você é preocupado com ordem ou simetria?

Se você respondeu sim a uma ou mais perguntas e isso causa angústia significante e/ou isso interfere em sua habilidade de trabalhar, estudar ou manter sua vida social ou familiar ou relacionamentos, então há uma chance significativa de você ter TOC. Para um diagnóstico, discuta seus sintomas com um médico.

Considerando as Causas

Não há uma resposta simples e precisa para a pergunta sobre como alguém acaba desenvolvendo TOC, pois ele é uma combinação de vários fatores: biológicos, de personalidade, ambientais e acontecimentos da vida. Como muitos outros tipos de problemas psicológicos, nenhum tipo único de pessoa desenvolve TOC. Nós conhecemos pessoas de todas as esferas da vida que têm TOC, e isso certamente não tem nada a ver com ser fraco ou louco. Entretanto, pesquisadores identificaram que alguns traços psicológicos tendem a ser associados com a vulnerabilidade para desenvolver o TOC:

- » Perfeccionismo
- » Tendência a ser responsável demais
- » Superestimar a importância dos pensamentos
- » Intolerância à incerteza

Para a maioria das pessoas, o TOC é, provavelmente, mais bem compreendido como uma incompreensão de como suas mentes funcionam, o que pode levar a algumas tentativas de tentar resolver o problema que saem pela culatra. Ao longo deste livro nós o ajudamos a ver como você também pode ter tentado resolver dúvidas, pensamentos invasivos e sentimentos desconfortáveis e que suas soluções podem muito bem ter se tornado o problema.

Observando as Obsessões

Obsessões são definidas como pensamentos invasivos, recorrentes e indesejados, impulsos ou imagens que são associadas com sofrimento acentuado. Elas não são apenas preocupações excessivas sobre problemas reais e tendem a ser o oposto dos tipos de pensamentos que o indivíduo quer ter. Uma pessoa com TOC tenta evitar, ignorar, suprimir ou neutralizar (por exemplo, tenta cancelar) seus pensamentos invasivos.

Os itens seguintes são exemplos comuns de obsessões no TOC:

> » Dúvidas sobre causar/falhar em prevenir danos relacionados com sujeira, produtos químicos ou germes.
> » Medo de causar danos a pessoas idosas/vulneráveis.
> » Medo de imaginar ou desejar danos para alguém próximo.
> » Impulsos de atacar violentamente, bater, machucar ou matar uma pessoa, criança pequena ou animal.
> » Uma necessidade de ter certos itens ou posses simétricos ou só assim.
> » Pensamentos religiosos blasfemos ou "inapropriados".
> » Medo, culpa ou desgosto por pensamentos sexuais inapropriados.

DEMÔNIO DO TOC

A coisa mais provável que seu demônio do TOC exigente dirá para qualquer lista de obsessões é "Não é bem a mesma coisa que a minha; e se algo pior que o TOC estiver acontecendo comigo?".

Esclarecendo as Compulsões

Compulsões são comportamentos ou atos mentais repetitivos em resposta às obsessões, visando reduzir a angústia ou dúvida ou prevenir danos. Compulsões comuns (normalmente chamadas de rituais) incluem coisas como lavar, verificar, ordenar, buscar reafirmação, tamborilar, repetir frases ou ações, orar, substituir pensamentos ou imagens ruins por boas e tentar controlar pensamentos. Com o tempo, as compulsões tornam-se menos eficazes, e as pessoas acham que precisam trabalhar ainda mais para obter resultado semelhante.

> » Quanto mais você verifica alguma coisa, mais responsável você se sente.

CAPÍTULO 1 **Tudo sobre TOC** 11

> Quanto mais você verifica alguma coisa, mais dúvidas você tem.

> Quanto mais você busca reafirmação, menos confiante você fica com seu próprio julgamento.

> Quanto mais você busca reafirmação, menos tolerante fica com incertezas.

> Quanto mais você suprime um pensamento ou imagem, mais invasivos se tornam. Isso funciona exatamente do mesmo jeito que tentar tirar uma música chata da cabeça; funciona ao contrário e a torna mais invasiva.

> Quanto mais você analisa um pensamento ou ameaça, mais significativo seu cérebro acha que tal pensamento é e presta mais atenção a ele. Essa tendência pode significar que o pensamento ou ameaça realmente domina seu sentido do que está acontecendo no mundo.

> Quanto mais você tenta reduzir ou evitar ameaças (como contaminantes ou facas), mais ciente delas você se torna.

Reconhecendo a Fuga

Um terceiro aspecto-chave do TOC é a fuga dos desencadeadores das obsessões. Cada vez que uma pessoa evita uma situação ou atividade, o comportamento é reforçado, pois ela se preveniu de experimentar a ansiedade e os danos que acha que poderiam ter ocorrido. Por exemplo, se você evitar tocar um item por medo do perigo ou dano, você se previne de sentir-se ansioso, e sua mente provavelmente o encorajará a evitar tocá-lo novamente.

LEMBRE-SE

Quanto mais você evita algo de que tem medo, mais cresce seu medo daquela pessoa, objeto, pensamento, imagem, substância ou sensação corporal.

A fuga normalmente se equilibra com compulsões; se você não pode evitar, frequentemente executará uma compulsão. Se executar compulsões se tornar muito problemático, você provavelmente tentará evitar ainda mais.

EXPERIMENTE

Os lugares, pessoas, itens, substâncias, imagens, notícias e assim por diante que ativam suas obsessões ou que você tende a evitar são normalmente referidos como gatilhos. Vale o esforço de passar alguns dias com um caderno (ou seu smartphone!) registrando seus gatilhos, quais obsessões eles ativam e como você responde para ajudá-lo a sentir-se melhor (o que provavelmente é uma compulsão). Essa tarefa é o primeiro passo para definir mais claramente seu problema, o que, por sua vez, leva a uma resolução muito melhor desse problema.

Calculando as Chances de Cura

Compreensivelmente, uma pergunta que muitas pessoas fazem quando obtêm um diagnóstico de TOC é "Tem cura?". Como muito do que acontece na recuperação do TOC, não tenha uma visão preto ou branco sobre cura. Nossa experiência é a de que muitas pessoas que fizeram essa pergunta ouviram "Não. TOC pode ser melhorado com tratamento, mas é um problema com o qual terá que aprender a conviver". Nós encorajaríamos qualquer pessoa com TOC a receber essa resposta com os dois pés atrás.

A chave é realmente entender o que significa uma cura total do TOC:

- » Seus pensamentos invasivos tornam-se bem menos frequentes, duram menos tempo e são significativamente menos invasivos.
- » Você raramente experiencia níveis clinicamente significativos de angústia relacionada a obsessões.
- » Seus medos/obsessões não o impedem de se envolver em importantes áreas da sua vida.
- » As obsessões não ocupam sua mente por mais de uma hora por dia.
- » Você raramente se vê envolvido em compulsões como verificar, buscar reafirmação ou descontaminar.
- » Você não evita mais os gatilhos por causa de suas obsessões.

> Você normalmente normaliza e está disposto a experienciar seus pensamentos, imagens, dúvidas e desejos. Entretanto, tende a não focar neles.

> Sua vida se tornou mais guiada por suas verdadeiras esperanças, sonhos e valores como pessoa, em vez de por sua necessidade de evitar catástrofes ou preocupações.

O ponto é que se você seguir os princípios que esboçamos neste livro, trabalhar duro para recuperar sua aptidão e flexibilidade mental e recusar participar do seu TOC, as chances de se libertar da opressão do TOC são excelentes.

> **NESTE CAPÍTULO**
>
> **Definindo terapia cognitivo-comportamental (TCC)**
>
> **Observando o modelo TCC para TOC**
>
> **Começando a ver como seu próprio TOC é mantido**
>
> **Preparando-se para enfrentar seu TOC**

Capítulo 2

Apresentando a TCC para o TOC

Os tratamentos comprovados para TOC são *terapias cognitivo-comportamentais* (TCC), que incluem *exposição e prevenção de resposta* (EPR) e antidepressivos em doses elevadas. A evidência sugere que os melhores resultados em longo prazo vêm do tipo de terapia comportamental específica ou terapia cognitivo-comportamental correta específica para TOC. Isso normalmente envolve alguma forma de enfrentar deliberadamente seus medos e parar seus rituais. Você pode fazer isso com ou sem medicação, dependendo do que você e seu médico decidirem.

Este capítulo apresenta alguns dos princípios psicológicos-chave que você pode usar para lutar e ganhar do seu TOC.

Familiarizando-se com a TCC

A TCC tornou-se o tratamento baseado em evidências de escolha de uma grande quantidade de problemas. É um tipo prático de resolução de problemas de terapia psicológica. Como qualquer boa resolução de problemas, o primeiro passo em TCC é definir bem o seu problema. Livros como este podem realmente ajudá-lo a entender melhor o problema e, assim, elaborar soluções melhores. A TCC ajuda as pessoas a entenderem seus problemas e a criarem soluções observando a interação entre seus pensamentos (cognições), emoções, comportamentos e fisiologia.

O modelo "hot cross bun", na Figura 2-1, é o jeito clássico de ilustrar como seus pensamentos, sentimentos, comportamentos e fisiologia interagem.

As seções seguintes desmembram essas peças.

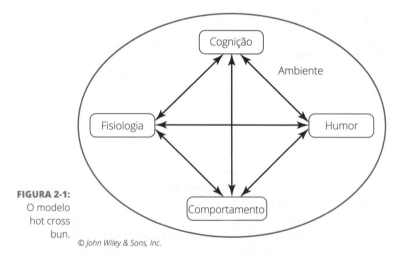

FIGURA 2-1: O modelo hot cross bun.
© John Wiley & Sons, Inc.

Encurralando a cognição

Cognição inclui pensamentos, imagens, crenças, atitudes, atenção e memória. Um exemplo de cognições prioritárias para mudança são interpretações erradas de pensamentos invasivos (por exemplo,

16   PARTE 2 **Pensando sobre Pensamentos**

sentir que ter um pensamento ruim significa que você é ruim e perigoso ou que ter um pensamento ruim em relação a alguém significa que você é responsável por prevenir esse mal). Um conceito central deste livro é que o TOC é o produto de dúvidas, desejos e pensamentos/imagens invasivos normais que as pessoas interpretam ou processam errado de alguma maneira. Responsabilidade excessiva, intolerância com a incerteza, dar muita importância a pensamentos ou imagens e falta de confiança em seu próprio julgamento ou memória são todas dimensões-chave de cognição em TOC.

Examinando a emoção

Exemplos de emoções muito frequentemente comuns em TOC são ansiedade (como aquela acionada por medo de ser responsável por causar mal ou falhar em prevenir o dano), culpa (como a acionada pela ideia de não ter sido cuidadoso o suficiente ou que você é mau, perigoso ou pecou) e desgosto (como aquele acionado pelo encontro de um fluido corporal ou ter um pensamento moralmente repugnante).

Fixando a fisiologia

Um exemplo de resposta fisiológica em TOC é ficar com as mãos suadas quando você está ansioso (o que pode ser a razão pela qual pessoas com TOC de contaminação relatam que suas mãos parecem contaminadas quando seu TOC é acionado). Algumas pessoas podem interpretar errado ou monitorar sensações corporais que são consistentes com seus medos. Por exemplo, alguém com um medo de pensamentos ou imagens sexuais inadequados pode monitorar sensações em seus genitais. Esse escrutínio significa que a pessoa é mais propensa a detectar mudanças fisiológicas mínimas e a interpretar errado essa excitação, reforçando, assim, a crença errônea de ser ruim ou anormal.

Seu médico pode lhe oferecer um tratamento fisiológico (normalmente com antidepressivos em altas doses) para ajudá-lo com seus sintomas de TOC. É importante entender que isso não significa que há algo inerentemente errado com seu cérebro, significa apenas que tais medicações ajudam realmente o TOC, comprovado através de pesquisas.

Abotoando comportamentos

A gama de comportamentos que as pessoas usam para lidar com suas obsessões e medos é muito vasta. A chave para saber se uma ação é um problema é entender a função do comportamento. Se visa reduzir a incerteza remoendo um pensamento/imagem indesejado ou evitar desconforto como culpa ou ansiedade, é bem provável que isso seja parte da manutenção do seu TOC.

Comportamentos observáveis como fuga e compulsões são elementos muitas vezes notados e diretamente acessíveis do TOC. Exemplos desses comportamentos observáveis incluem os seguintes:

- » Verificar o fogão a gás ou caldeira
- » Verificar se as portas ou janelas estão trancadas
- » Verificar itens elétricos
- » Contar em voz alta
- » Repetir ações
- » Dizer ou repetir uma frase
- » Colocar as coisas em ordem ou "assim mesmo"
- » Buscar reafirmação
- » Lavar/limpar suas mãos, corpo e/ou roupas
- » Limpar objetos, superfícies, chão ou maçanetas
- » Tentar evitar tocar ou entrar em contato com certas substâncias, objetos, lugares ou pessoas

Entretanto, alguns dos comportamentos que você usa (e que mantêm seu TOC) não são vistos. Eles são chamados de dissimulados ou compulsões mentais, como as seguintes:

- » Verificar ou rever ações mentalmente
- » Contar em sua cabeça
- » Repetir frases

- » Esforçar-se para lembrar de algo que você conferiu encarando ou dizendo uma frase na sua cabeça
- » Esforçar-se para se certificar de que você entendeu o que alguém disse
- » Mudar pensamentos ou imagens para fazê-los sentir-se mais seguros
- » Investigar ou elaborar sobre esses pensamentos ou imagens
- » Tentar tirar um pensamento ou imagem da cabeça

Você pode encontrar uma explicação mais elaborada de compulsões mentais no Capítulo 5.

DEMÔNIO DO TOC

Lembre-se, seu demônio do TOC busca constantemente destacar que suas obsessões são diferentes de alguma maneira e que nenhuma lista se aplica a você. Tente ver através dos temas comuns e similaridades.

Inspecionando interações

Como ilustra a Figura 2-1, os elementos cognitivos, comportamentais, emocionais e fisiológicos da psicologia humana se sobrepõem e interagem uns com os outros. Por exemplo, entender o efeito de suas emoções sobre seu TOC pode ser útil. Como suas emoções guiam os tipos de pensamento que seu cérebro produz? Como seu estado emocional muda com o quão plausível e realista certos pensamentos se parecem? Considere o efeito que assistir a um filme muito assustador tem em seus pensamentos sobre ir até a cozinha fazer uma xícara de chá. Como sua ansiedade está alta, as chances são de que você tenderá muito mais a imaginar que um assassino com um machado está na cozinha e achar que descartar essa ideia é muito mais difícil.

Aqui estão alguns exemplos de maneiras pelas quais seus pensamentos, emoções, comportamentos e sentimentos físicos podem interagir:

- » A ansiedade pode aumentar a vividez, plausibilidade e/ou frequência de pensamentos e imagens catastróficas.

CAPÍTULO 2 **Apresentando a TCC para o TOC**   19

> » A culpa pode fazê-lo mais suscetível a pensar em si mesmo como mau e imaginar que será punido.
>
> » Perceber uma sobrecarga de sua memória de curto prazo e a dificuldade de ter certeza.
>
> » Focar em áreas da sua pele que você teme terem sido contaminadas pode fazer essa pele parecer diferente.
>
> » Buscar reafirmação, ou transferir responsabilidade para outra pessoa, diminui sua confiança em sua mente.
>
> » A fuga e o escape (normalmente compulsões no TOC) mantêm o medo.

LEMBRE-SE

Como você pode ver, a chave para entender e derrotar seu TOC está em perceber que a solução é o problema.

O lado oposto da mesma moeda é que quanto mais você pensa, supõe e age como se estivesse livre da ansiedade, mais seu cérebro tende a ajustar suas respostas emocionais e fisiológicas de acordo.

DICA

Imagine que você tem um *gêmeo sem* TOC, que é igual a você de todas as maneiras, mas livre de medos excessivos, compulsões e fugas. Isso pode ser um grande ponto de referência ao pensar como você poderia mudar seu comportamento e resistir em participar com seu TOC — pergunte-se! "O que meu gêmeo sem TOC faria nessa situação?".

A seguir está uma tabela de tipos comuns de TOC, com exemplos ilustrativos de pensamentos, crenças, comportamentos de fuga, compulsões e consequências indesejadas (a maneira que voltam ao problema). Por favor, lembre-se, esses são apenas exemplos para lhe dar ideias dos tipos de experiências que outras pessoas com TOC têm e algumas ilustrações de como a fuga e as compulsões mantêm a continuidade do problema e podem, de fato, piorar outros aspectos de sua vida. Para realmente lidar com seu próprio TOC com tudo, use estes exemplos para clarear em sua cabeça o princípio de que "a solução é o problema" e realmente ir além daquilo que pode estar mantendo a continuidade do seu TOC.

TABELA 2-1 Tipos Comuns de TOCs

Exemplo de Obsessão	Crenças Comuns e Interpretações Errôneas	Exemplos de Fugas Inúteis	Compulsões Comuns	Exemplos de Consequências Involuntárias
Contaminação física (por exemplo, medo de sujeira, germes, produtos químicos ou outras substâncias "tóxicas")	Falhar em prevenir danos é tão ruim quanto causá-los. Eu devo fazer de tudo para evitar ser contaminado (ou contaminar outros). Para ser capaz de descansar minha mente, preciso ter 100% de certeza de que não estou contaminado (ou que não contaminei outros).	Evitar tocar ou entrar em contato com fontes de contaminantes (como banheiros, produtos de limpeza ou carne crua); empregar uma estratégia de segurança, como usar luvas, tocar com o cotovelo, em vez de com a mão, e assim por diante	Limpar, lavar as roupas, lavar as mãos, tomar banho, descartar objetos contaminados.	Dificuldades financeiras (por comprar produtos de limpeza demais ou jogar fora objetos contaminados). Atividade limitada. Dificuldade de relacionamentos interpessoais. Medo ampliado. Atenção/vigilância ampliada a contaminantes em potencial no ambiente e em si mesmo, levando a sentir-se mais contaminado.
Contaminação de pensamento (por exemplo, a ideia de que um pensamento possa se apegar ou poluir um objeto ou pessoa e causar danos, má sorte ou mudanças negativas)	Minha mente deve estar limpa de pensamentos ruins para que eu tenha certeza de que as coisas ficarão bem. Se eu fizer algo com esses pensamentos na minha cabeça, algo ruim pode acontecer e será minha culpa	Evitar possíveis gatilhos para pensamentos indesejados; evitar agir até que sua mente esteja limpa de pensamentos indesejados	Repetir ações até que acabem os pensamentos/ imagens inapropriados na cabeça. Neutralizar pensamentos/ imagens ruins substituindo-os por outros bons ou apropriados. Tentar evitar que pensamentos entrem na sua cabeça ou apagá-los da sua cabeça.	Perda de tempo/ produtividade. Constrangimento social causado por compulsões. Perda do prazer. Atividades limitadas. Aumento da ansiedade e atenção a pensamentos indesejados. Conflito entre seus comportamentos aparentemente supersticiosos e suas crenças. Aumento da invasão de pensamentos indesejados por causa da supressão de pensamentos.

Exemplo de Obsessão	Crenças Comuns e Interpretações Errôneas	Exemplos de Fugas Inúteis	Compulsões Comuns	Exemplos de Consequências Involuntárias
Pensamentos sexuais inapropriados/ indesejados	Ter esses pensamentos significa que há algo de errado comigo ou que eu quero essas coisas. Eu preciso estar completamente certo de que não é o caso.	Evitar sexo e/ou masturbação; tentar evitar ficar sexualmente excitado.	Buscar material relacionado a adequação/ inadequação em potencial de pensamentos/ imagens. Buscar reafirmação de que é "normal". Comparar-se a criminosos sexuais. Monitorar-se por excitação adequada ou inadequada. Monitorar no que presta atenção. Tentar evitar pensamentos ou livrar-se deles de alguma maneira.	Atividades limitadas. Perda do prazer. Aumento da dúvida. Aumento da atenção para pensamentos ou assuntos indesejados. Supressão de pensamentos aumenta a invasão de pensamentos indesejados.
Relacionamento	Eu preciso estar completamente certo de que estou com a pessoa certa.	Evitar atividades, proximidade ou separação física; evitar olhar outras pessoas atraentes.	Monitorar sentimentos românticos em relação ao parceiro. Comparar esses sentimentos com sentimentos em relação a outros para investigar as falhas do parceiro e ver se é o parceiro certo para você.	Perda do prazer. Aumento da dúvida. Aumento da tendência em notar coisas negativas sobre relacionamentos. Aumento da preocupação com medos relativos a relacionamentos interfere em seguir valores verdadeiros sobre ser um bom parceiro.

22   PARTE 2   **Pensando sobre Pensamentos**

Exemplo de Obsessão	Crenças Comuns e Interpretações Errôneas	Exemplos de Fugas Inúteis	Compulsões Comuns	Exemplos de Consequências Involuntárias
Medo de violência	Eu posso ser um risco e preciso fazer tudo o que puder para minimizar essa chance e ter certeza de que não causarei mal.	Evitar objetos que poderiam ser usados como armas, tal como facas, tesouras e ferramentas de jardinagem; evitar ficar sozinho com pessoas que você considera vulneráveis.	Monitorar pensamentos e desejos violentos. Racionalizar pensamentos e tentar convencer-se de que se é bom ou inofensivo. Buscar reafirmação dos outros. Verificar perfis de personalidades violentas ou perigosas. Manter as mãos nos bolsos. Tentar manter controle rigoroso do temperamento e comportamento.	Atividades limitadas. Mau humor. Aumento da dúvida. Aumento da sensação de ser um risco em potencial; redução da visão ampliada de si. Risco de se tornar distante das pessoas amadas.
Medo de dano acidental	Se eu tenho o pensamento de que posso ter causado danos, é irresponsável rejeitá-lo.	Evitar dirigir à noite; dar um espaço amplo quando passa por alguém na escada ou perto da rua.	Verificar repetidamente que você não causou danos (por exemplo, retraçando seus passos ou repetindo as atividades na sua cabeça).	Atividades limitadas. Perda da produtividade. Atenção aumentada para pensamentos/imagens indesejados. Aumento da dúvida por tentar provar que algo não aconteceu.
Sensório-motora	Eu preciso controlar minha respiração/deglutição/piscar, e assim por diante, ou não funcionarão adequadamente (e ocorrerá morte ou incapacidade).	Evitar tarefas/atividades que você ache que podem interferir nesse processo.	Monitorar processos de reflexo físico e tentar controlá-los ou verificar se ainda estão funcionando.	Atividades limitadas. Perda do prazer. Menor produtividade. Mau humor. Aumento da consciência da área problemática; detecção e interpretação errônea de sensações.

Exemplo de Obsessão	Crenças Comuns e Interpretações Errôneas	Exemplos de Fugas Inúteis	Compulsões Comuns	Exemplos de Consequências Involuntárias
Ordem/simetria	A única maneira pela qual posso me sentir confortável é se tudo estiver certo; caso contrário, isso me incomodará o dia inteiro.	Evitar receber pessoas em casa; não deixar crianças ou outras pessoas chegarem perto de posses ordenadas; não usar cômodos/itens.	Endireitar. Colocar as coisas em ordem de tamanho ou cor. Colocar itens em certas posições até que pareçam certos.	Atividades limitadas. Produtividade menor. Círculo vicioso de colocar coisas em ordem e sentir que isso é importante. Perda do prazer/satisfação. Aumento da irritação e tensão com pessoas queridas que podem atrapalhar ou não se conformar com sua ordem/simetria.
Religiosa/blasfemosa	Se eu tenho um pensamento blasfemoso, devo ter tido a intenção de pensá-lo. Serei punido. Um pensamento blasfemoso é tão ruim quanto um ato imoral.	Evitar ir a locais de adoração; evitar pessoas altamente religiosas; evitar ler textos religiosos ou orar.	Tentar viver por princípios religiosos ao pé da letra. Substituir pensamentos ou imagens blasfemosos por outros mais aceitáveis ou tentar tirá-los da cabeça. Corrigir ou reparar qualquer pecado percebido.	Frequência e intrusão de pensamentos aumentadas. Perda da habilidade de buscar valores e práticas religiosas. Mau humor.
Supersticiosa	Pensar em uma coisa ruim a torna mais propensa a acontecer. Falhar em repelir a má sorte é o mesmo que desejar que ela aconteça. Não posso correr o risco de ignorar um pensamento, pois algo pode dar errado. Não conseguiria viver com a culpa.	Evitar números, símbolos, pessoas, lugares, e assim por diante, que você associa com má sorte ou desafiar o destino.	Realizar rituais que você acredita que repelirão a má sorte. Suprimir ou substituir pensamentos supersticiosos. Repetir atividades para evitar realizar atividades um número azarado de vezes. Tocar ou tamborilar repetidamente algo para cair em um número de mais sorte.	Frustração e perda de tempo. Dificuldade em acertar o ritual. Círculo vicioso de agir sobre pensamentos supersticiosos e sentir que estão se tornando plausíveis.

Visualizando sua Flor Viciosa

A *flor viciosa* é, na verdade, apenas um conjunto de círculos viciosos que ajudam você a definir seu TOC e clarear como o problema funciona. É definitivamente um exercício para uma folha em branco e uma caneta. Não tenha medo de que fique feio, faça mais de uma tentativa e adicione ou mude à medida que você começa a entender melhor seu TOC.

1. **Pegue um bom exemplo recente do seu TOC sendo disparado.**

2. **Note o principal pensamento/dúvida/imagem/desejo catastrófico que foi disparado (essa é sua folha).**

3. **Identifique como você interpretou esse evento mental. O que ele significou para você?**

4. **Para começar a construir sua flor viciosa, primeiro identifique o resultado dessa interpretação.**

   Por exemplo, o resultado pode incluir algum dos seguintes itens:

   - Emoções
   - Compulsões
   - Atividades mentais
   - Comportamentos de fuga
   - Mudanças em onde você focou sua atenção
   - Busca por reafirmação

   Cada pétala começa como a mostrada na Figura 2-2a.

5. **Feche a volta (veja a Figura 2-2b) com um comentário sobre como esse resultado pode estar alimentando e contribuindo com a manutenção do problema.**

   Isso é o que chamamos de "consequência involuntária". Se você não consegue pensar em como isso pode estar alimentando o problema, pergunte-se como você pode descobrir mais. Muitas vezes você pode aprender muito mudando esse resultado de alguma maneira e vendo o que acontece.

6. **Para cada pétala, comece a pensar em ideias de como você poderia mudar as coisas e comece a testá-las.**

   Sua flor viciosa geral deve agora se parecer um pouco com a Figura 2-2c.

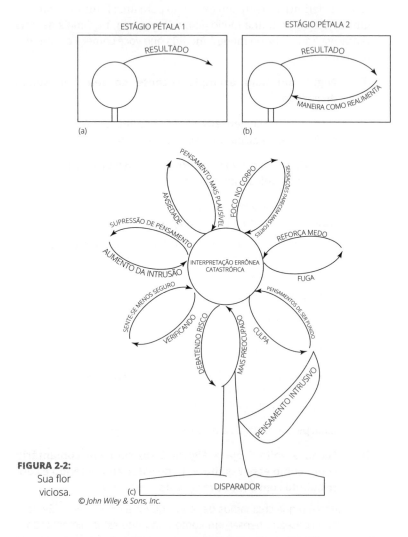

FIGURA 2-2: Sua flor viciosa.
© John Wiley & Sons, Inc.

Um dos fundamentos de TCC para TOC é a ideia que há amplamente duas teorias sobre o que está acontecendo:

» Teoria A: Você corre risco alto de causar danos ou falhar em preveni-los. Sua solução é esforçar-se para reduzir este risco. (Essa perspectiva normalmente mantém o TOC.)

» Teoria B: Você tem uma preocupação excessiva de causar danos ou falhar em preveni-los e sua necessidade de encontrar soluções tornou-se seu problema e alimenta suas preocupações. (Essa perspectiva leva a envolver-se com o processo de resolver o TOC.)

DEMÔNIO DO TOC

Seu demônio do TOC tende a tentar pegá-lo em uma armadilha, exigindo que você trabalhe com a certeza de que tem um problema de preocupação e insistindo que deve errar para o lado seguro (tentando prevenir o dano). Isso é injusto; você tem o direito de correr o risco e livrar-se do seu TOC.

Então a chave da recuperação é testar o que acontece se você tratar seu problema 'como se' acreditasse que é uma preocupação e problema de medo. Realmente comprometa-se com as soluções designadas para eliminar a preocupação ou medo em longo prazo. Isso será absolutamente crucial na sua recuperação do TOC (e realmente mostre à sua mente que você está lidando com seriedade sobre eventos reais e imaginários sendo tratados muito diferentemente).

LEMBRE-SE

Essa abordagem experimental é a pedra angular do bom TCC. A TCC não é uma caixa de ferramentas de técnicas para serem jogadas no problema. A boa TCC combina cada aspecto do problema com uma solução e você pode, então, desmantelar seu TOC até que desmorone. E como mostra o modelo na Figura 2-1, ter um impacto positivo em um elemento da sua saúde mental provavelmente tem um efeito arrasador em outros aspectos.

Encarar seus medos (de maneira real ou imaginária), parar os rituais e aprender a normalizar, separar e permitir que seus pensamentos/dúvidas/imagens/desejos passem por seu próprio acordo são os ingredientes-chave para o sucesso. As Partes II e III entram em mais detalhes desse processo, mas não há momento melhor que o agora para começar!

2 Pensando sobre Pensamentos

NESTA PARTE . . .

Identifique como os pensamentos informam o TOC.

Entenda as crenças ocultas que ajudam a criar seu TOC.

Descubra como identificar os rituais mentais que estão ajudando a manutenção do seu TOC.

> **NESTE CAPÍTULO**
>
> **Diferenciando entre pensamentos automáticos e de resposta**
>
> **Entendendo como um pensamento pode se tornar uma obsessão**
>
> **Assumindo o controle de como você interpreta pensamentos automáticos**

Capítulo 3
Pensando sobre Seus Pensamentos

Embora o TOC seja normalmente associado a comportamentos externos como lavar e verificar, essas ações são mais frequentes do que não respostas a eventos internos, isto é, seus pensamentos e o que você pensa sobre seus pensamentos.

LEMBRE-SE

Qualquer que seja o tipo de seu TOC, ou como quer que seu TOC se manifeste, este capítulo é relevante para você. O TOC é um problema psicológico, e, portanto, pensar está na raiz do problema.

Este capítulo explora diferentes tipos de pensamentos e comportamentos ao pensar e explica em detalhes como um pensamento pode se tornar uma obsessão. Entender isso lhe dá uma base sólida sobre como construir sua recuperação.

Trazendo Pensamentos à Tona Vs. Pensando

Distinguir os diferentes processos de pensamento que você tem é a chave para entender melhor seu TOC. Ao lidar com TOC, você precisa saber que há dois tipos distintos de pensamentos: pensamentos automáticos que vêm à cabeça espontaneamente, normalmente chamados de intrusões, e, então, o tipo mais considerado de pensamento, no qual você avalia ou *pensa sobre* seus pensamentos intrusivos. Esses pensamentos sobre seus pensamentos podem parecer automáticos, mas você tem muito mais controle sobre esse segundo processo de pensamento do que pode imaginar.

Pensamentos automáticos ou *pop-up*

Pensamentos automáticos são muito como o nome sugere — são os pensamentos, ideias ou imagens que aparecem na mente regularmente sem você pensar deliberadamente neles. Por exemplo, você pode estar caminhando pela estrada, vê uma casa roxa e pensa "essa é uma cor engraçada para pintar uma casa". Você não se propôs a pensar nesse tópico, mas algo no seu ambiente disparou o pensamento.

As pessoas normalmente têm pensamentos que não podem ser facilmente ligados a um disparo. Por exemplo, você pode pensar de repente na tia Ruth enquanto amarra os cadarços; como amarrar os cadarços não tem relevância à tia Ruth, você pode considerar esse pensamento como totalmente aleatório.

LEMBRE-SE

Todo mundo experimenta pensamentos automáticos (normalmente muitas vezes ao dia), mas não os nota na maioria das vezes porque são tão comuns e banais que entram por um ouvido e saem pelo outro!

Pensamentos invasivos

Pensamentos invasivos são pensamentos **pop-up** automáticos muito parecidos com os descritos na seção anterior. A diferença entre pensamentos invasivos e automáticos é que os invasivos tendem a chamar sua atenção, porque seu conteúdo é incomum, estranho ou alarmante, particularmente porque parecem anormais. Pensamentos invasivos também podem ser imagens (por exemplo, pessoas queridas morrendo em um acidente), sentimentos (uma sensação de que alguma coisa não está certa) ou impulsos (de saltar de algo ou gritar). Pensamentos invasivos frequentemente carregam a sensação de pressentimento, como se o alertassem sobre alguma coisa ou dúvida (unido ao desejo de remover esta incerteza).

A outra diferença entre pensamentos automáticos e invasivos é que as pessoas tendem a reagir diferentemente a pensamentos invasivos por causa do significado que dão a eles (veja a seção posterior "Pensamentos de resposta").

Normalizando pensamentos invasivos

Pensamentos **pop-up** e invasivos são uma ocorrência diária para todos. É parte de ser humano. Algumas pessoas têm mais deles ou uma consciência maior deles do que outras, mas todos os têm em alguma extensão.

Invasões podem ser sobre qualquer assunto que uma pessoa ache alarmante ou anormais. O que é invasivo para uma pessoa pode ser julgado como um pensamento automático por outra. Assuntos típicos de pensamentos invasivos incluem (mas não são limitados a) os seguintes: funções automáticas (como piscar), violência, causar danos (acidental ou deliberadamente), contaminação (de si mesmo ou outros), doença e morte, escrupulosidade, ordem, sexualidade e superstição.

Pensamentos de resposta

Pensamentos de resposta são aqueles que você tem em resposta a suas invasões. O nome adequado para eles é *metacognição*, que simplesmente significa pensamentos sobre seus pensamentos. É como um segundo nível de pensamento. Eles se diferem de pensamentos automáticos, porque são menos aleatórios e mais dentro do seu controle, pelo menos com um pouco de prática. (Nós tratamos mais desse processo no Capítulo 5.)

Pensamentos invasivos versus pensamentos de resposta

É útil para você ser capaz de diferenciar entre pensamentos invasivos e de resposta para que saiba quais você pode controlar e quais não pode. A tabela a seguir mostra a diferença entre pensamentos invasivos e de resposta.

TABELA 3-1 Pensamentos Invasivos e de Resposta

Pensamentos invasivos	Pensamentos de resposta
Vêm à cabeça sem serem convidados	Normalmente vêm como uma resposta a pensamentos automáticos
Normalmente parecem surgir aleatoriamente	Dão significado a pensamentos automáticos
São incontroláveis	Capaz de escolher não participar desse processo
Podem ser sobre qualquer assunto	

Eis um exemplo de um pensamento automático e um de resposta em ação: imagine que você está ocupado fazendo algo e um pensamento surge na sua cabeça sobre ligar para sua mãe. Este é um pensamento automático.

Você poderia responder a esse pensamento pensando nele, o que então se qualificaria como um pensamento de resposta. Por exemplo, você pode pensar "Se ela surgiu na minha cabeça, deve haver uma razão, então é melhor eu conferir se ela está bem".

Entretanto, você também poderia responder não pensando no pensamento automático; ou seja, você poderia não responder a ele. Talvez esteja tão envolvido no que já está fazendo que mal pode notar o pensamento e não pensar nele de qualquer forma.

Esta segunda abordagem acontece com vários pensamentos automáticos. Eles são simplesmente os destroços de uma mente ocupada e apenas passam ou, como diz o ditado, entram por um ouvido e saem pelo outro. Descobrir como permitir que seus pensamentos invasivos passem é a ferramenta-chave para superar seu TOC, como discutiremos no Capítulo 5.

DEMÔNIO DO TOC

Mas e se o pensamento for muito importante? Seu demônio do TOC tentará fazê-lo responder ao seu pensamento invasivo, normalmente tentando persuadi-lo de que *nesta ocasião* o pensamento invasivo é muito importante e precisa de uma resposta.

LEMBRE-SE

Como o TOC é caracterizado pela dúvida, uma necessidade de certeza e, muitas vezes, perfeccionismo, as pessoas tendem a ficar preocupadas sobre que tipo de pensamento estão tendo. Em vez de tentar acertar, pense nesse obstáculo como outro exercício para descobrir como lidar com a dúvida de maneira diferente e desafiar-se a assumir que entendeu corretamente, mesmo que não tenha certeza absoluta.

Seguindo o Caminho do Pensamento à Obsessão

Um pensamento invasivo, qualquer que seja o conteúdo ou o quanto seja contraditório, não é uma obsessão. Não importa o quanto seja estranho ou contraditório, isso ainda não o torna uma obsessão; é simplesmente um evento automático indesejado na sua mente. Somente quando você dá um significado ou importância a um pensamento (o que leva você a reagir diferente) é que ele se torna uma obsessão.

LEMBRE-SE

Embora nos refiramos a um pensamento ou imagem **pop-up** aqui, desejos, dúvidas, sentimentos ou sensações físicas tornam-se obsessões da mesma maneira.

Apresentando a equação da obsessão

Para transformar um pensamento em uma obsessão, você precisa de mais do que apenas um pensamento, imagem, desejo ou sentimento **pop-up**. Você precisa adicionar uma interpretação negativa inútil.

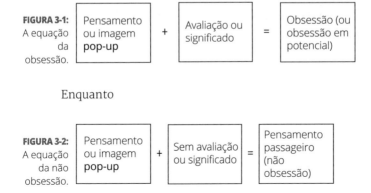

FIGURA 3-1: A equação da obsessão.

Enquanto

FIGURA 3-2: A equação da não obsessão.

CAPÍTULO 3 **Pensando sobre Seus Pensamentos** 35

Quando falamos sobre *não avaliação*, queremos dizer considerar os pensamentos como uma ocorrência mental normal, que não dá mérito a outro pensamento, ação ou atenção.

Essas avaliações são mais comumente feitas em duas partes:

> » Uma ideia de que você não deve ter os pensamentos
>
> » Uma crença de que tê-los deve significar algo ruim

Eis alguns exemplos para lhe mostrar o que queremos dizer:

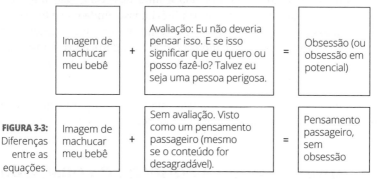

FIGURA 3-3: Diferenças entre as equações.

LEMBRE-SE Um pensamento invasivo é só um pensamento que surge aleatoriamente e necessariamente não significa nada sobre nada. Um pensamento é só um pensamento, qualquer que seja seu conteúdo.

Evitando fazer uma interpretação positiva sobre seus pensamentos

Você pode imaginar por que não sugerimos substituir uma avaliação negativa inútil por uma positiva útil. A razão é que o foco principal do tratamento é ajudá-lo a ser capaz de quase não notar esses pensamentos aleatórios entrando e saindo da cabeça e cessar o importar-se quando notá-los. É como não prestar muita atenção a uma música tocando na sua cabeça.

Se você praticar reagir aos pensamentos com uma avaliação diferente, ainda estará dando atenção ao tentar responder, e os pensamentos invasivos crescem com essa atenção dada. Essa avaliação positiva também pode se tornar uma maneira de tentar tranquilizar a si mesmo.

Então, em vez de aplicar o mesmo processo com um significado diferente, você precisa praticar a aplicação de um processo diferente: permitindo que esses pensamentos venham e vão e se cuidem sem responder. O Capítulo 5 fornece exercícios para ajudá-lo a entender esta prática.

Aprendendo a deixar de usar seus sentimentos como guia

As pessoas normalmente usam como se sentem emocionalmente ou fisicamente como um guia para avaliar um pensamento invasivo ou **pop-up**. Por exemplo, se você está ansioso (ou tem um sintoma de ansiedade, como coração acelerado ou borboletas no estômago), você usa isso como um sinal de que o pensamento tem valor e que algo deve estar errado ou há algum perigo iminente. Se você sente desgosto, supõe que algo precisa ser evitado a qualquer custo. Se sente culpa, supõe que deve ter feito algo ruim.

Essa reação não é totalmente irracional. Emoções fortes como ansiedade, culpa e desgosto foram originalmente desenvolvidas para ajudar a alertar os humanos de um problema para que pudessem escolher o que fazer. Infelizmente, depois que você desenvolve um transtorno como TOC, esse mecanismo de autopreservação começa a funcionar demais e deixa de servir a um propósito útil. Para reiniciar seu equilíbrio, você precisa treinar-se a não responder a essas emoções, em vez de usá-las para adicionar significado e importância a seus pensamentos automáticos. Para mais sobre a razão por trás dessa abordagem e métodos de se retreinar, vá para o Capítulo 6.

Entendendo por que a obsessão é centralizada em ideias contraditórias

Quando o conteúdo de um pensamento automático é contraditório, as pessoas são mais propensas a notá-lo como um pensamento invasivo. Elas dão uma avaliação negativa inútil, em vez de somente ver o pensamento como uma ocorrência mental comum.

Outra maneira de pensar sobre isso é que o TOC gosta de cutucá-lo onde dói. Quando pessoas têm crenças particularmente fortes (por exemplo, sobre coisas como limpeza, ordem, religião etc.), seu TOC tende a ter conteúdos relacionados a essas crenças. Essa conexão é provável porque o pensamento contraditório se destaca imediatamente (porque vai diretamente contra tudo o que a pessoa acredita), e a pessoa, portanto, dá um significado a ele.

Depois de dar um significado ao pensamento — junto às frases "Eu não deveria pensar isso; pensar isso deve significar algo ruim" —, você ficará atento a qualquer outro pensamento com esse conteúdo. Quanto mais você procura esses pensamentos, mais propenso fica a encontrá-los e, então, envolver-se em respostas inúteis, continuando o ciclo.

A maneira mais fácil de pensar sobre esse assunto é considerar que, se os pensamentos não estavam em desacordo consigo mesmo, então eles provavelmente não o incomodariam e, portanto, provavelmente não se transformariam em uma obsessão. Em outras palavras, você provavelmente se preocupará mais sobre pensamentos mais distantes de suas crenças e valores como pessoa.

> **NESTE CAPÍTULO**
>
> Examinando crenças e significados típicos sobre pensamentos
>
> Dissipando o mito de que você pode controlar o que vem à sua mente
>
> Testando quão poderosos são seus pensamentos

Capítulo 4
Explorando Crenças e Significados

Um equívoco comum de indivíduos com TOC é o pensamento de que eles podem e devem controlar o que vem às suas mentes. Dado que ninguém pode ditar os tipos de pensamentos e imagens que vêm à cabeça, essa ideia pode levar a uma guerra invencível contra seu próprio cérebro. No centro do TOC está a tendência de interpretar mal pensamentos e imagens que você experiencia.

Este capítulo examina alguns dos significados que as pessoas normalmente dão a seus pensamentos invasivos que os transformam em obsessões (veja o Capítulo 3). Quando você entende que muitas dessas crenças que você tem são defeituosas e estão piorando as coisas, pode começar a notar quando está agindo de acordo com essas crenças inúteis e escolher ensinar a si mesmo a responder de maneira diferente.

Descobrindo Crenças que o Levam a Tentar Controlar Pensamentos

Como notamos no Capítulo 3, todo mundo experimenta *pensamentos automáticos* (pensamentos e imagens aleatórios que surgem na cabeça) regularmente. O fator primário que diferencia essa experiência daquela de quem sofre de TOC é que alguém com TOC tem crenças negativas sobre ter esses pensamentos.

Muitas pessoas crescem com a instrução que não devem dizer coisas "ruins", muitas vezes junto do aviso "Você não deve nem pensar coisas como essas". Então talvez não seja de se admirar que muitos lutam para não dar importância aos pensamentos aleatórios que surgem na cabeça e acabam acreditando que devem ser capazes de controlar se certos pensamentos devem entrar na cabeça.

Nesta seção nós observamos algumas das crenças inúteis mais comuns sobre pensamentos automáticos. Descrevemos diferentes tipos de pensamento mágico (a ideia de que seus pensamentos têm poder fora da sua cabeça) e explicamos como eles podem manter as pessoas presas no ciclo do TOC.

Eu não deveria ter esses pensamentos (deve significar algo ruim)

A sensação de que você não deveria ter os pensamentos porque não gosta deles ou porque são contraditórios é algo muito comum. Infelizmente, nenhuma regra rege as coisas que surgem automaticamente na sua cabeça (veja o Capítulo 3). Como você não pode controlar se eles surgem ou não na sua cabeça, dizer a si mesmo que não deve pensar neles não faz sentido algum.

DEMÔNIO DO TOC

Seu TOC tende a se esforçar muito para rejeitar a normalização de pensamentos invasivos: "Sim, mas se eu fosse realmente uma pessoa boa eu nunca pensaria isso; eles devem significar alguma coisa". O fato é que eles não significam nada. Você pode notá-los mais porque são contra o que você acha e você pode ter mais deles porque tenta resistir. Mas eles são normais.

Mais tarde, neste capítulo, lhe mostraremos como demonstrar a si mesmo que é impossível controlar continuamente o que surge na sua cabeça.

Eu deveria ser capaz de controlar esses pensamentos (vou enlouquecer)

Em uma veia muito similar à da crença na seção anterior está a ideia de que você deve ser capaz de controlar se esses pensamentos vem à sua cabeça. Embora possa conseguir controlar ocasionalmente o que vem à sua cabeça em curto prazo, fazer isso em longo prazo é impossível. Essa crença é normalmente acompanhada pela ideia de que você deve estar enlouquecendo (ou o fará logo), porque não é capaz de controlar a sua mente.

Se eu pensar, será tão ruim quanto fazer

Isso é o que os especialistas em TOC chamam de *fusão de moralidade do pensamento-ação* (FPA). Significa crer que ter o pensamento é tão ruim quanto realizar a ação. Por exemplo, se você pensa sobre machucar uma criança, é tão culpado quanto alguém que machuca uma criança. Outro exemplo de fusão pensamento-ação é a ideia de que pensar sobre uma ação significa que você quer fazê-la e que pensar é tão ruim quanto fazer.

Quando você entende que esses pensamentos automáticos são eventos mentais indesejados que estão fora do seu controle, você pode ver que tê-los não tem qualquer influência na sua moralidade pessoal, e, assim, seria melhor deixar esses pensamentos passarem.

Se eu pensar, serei mais propenso a fazer

Essa crença baseia-se na ideia de que simplesmente ter o pensamento tem o poder de fazê-lo realizar uma ação indesejada e o torna mais propenso a fazê-la. É o que os livros chamam de *fusão de probabilidade do pensamento–ação* (θ). Por exemplo, se você pensa em machucar alguém quando está perto de uma faca, pode acreditar que esse pensamento o fará pegar a faca e esfaquear alguém.

Essa crença supõe que só seus pensamentos determinam suas ações e não leva em conta outros fatores importantes como desejo e motivação.

Pense em como é difícil fazer algo quando você realmente não quer. Por exemplo, imagine que você precisa correr, mas está frio e chovendo e você não gosta de correr nem quando o tempo está ótimo. Simplesmente pensar em "sair para correr" não faz com que você saia. Você provavelmente contraria esse pensamento com todos os tipos de argumentos e desculpas das razões de não ser uma boa hora para correr e acaba ignorando ou rejeitando totalmente o pensamento.

Imagine o quanto a vida seria simples se pensar realmente o levasse a fazer a coisa que pensou. Não seria mais necessário se convencer a fazer as coisas, nada mais de procrastinação. Se um pensamento de fazer seu dever de casa vem à cabeça, você para imediatamente o que está fazendo, vai até a mesa e começa a estudar. "Pagar a conta de gás" vem à cabeça e você dá a volta com o carro, vai para casa, acha a conta e paga. Se esse conceito fosse verdadeiro, as ações das pessoas seriam constantemente guiadas por qualquer coisa que lhes viesse à cabeça, e a probabilidade de criar uma sociedade civilizada seria bem menor.

LEMBRE-SE

Pensamentos não o fazem fazer coisas; você escolhe agir ou não sobre seus pensamentos. "Não vá ao trabalho hoje" vem à cabeça, mas não significa necessariamente que você não vá. Você escolhe se escuta e age sobre o pensamento ou se o ignora. Quando *pensamentos invasivos* (pensamentos automáticos que parecem fora do caráter) viram obsessões, você pode facilmente esquecer que ainda tem uma escolha sobre responder ou não. Quando lembra dessa opção, os pensamentos podem começar a parecer um pouco menos ameaçadores.

Se eu pensar, é mais provável que aconteça

Isso significa que se você tiver um pensamento, então é mais provável que aconteça (*fusão de probabilidade do pensamento-ação*).

42 PARTE 2 **Pensando sobre Pensamentos**

DICA

Acreditar nisso sugere que só seus pensamentos têm o poder de impactar eventos — mesmo eventos fora do seu controle ou esfera de influência.

Se você quer se convencer de que seus pensamentos, por si só, são ocorrências mentais inofensivas que não têm uma influência fora de como você responde a eles, tente isso: comece dizendo a si mesmo (repetidamente) que vai ganhar na loteria. Continue lembrando a si mesmo que você ganhará. Compre um bilhete de loteria e então continue pensando que é o bilhete ganhador até o dia do sorteio. Então veja se seus pensamentos influenciaram os resultados.

Se eu pensar nisso, sou responsável por evitar isso

Este erro de pensamento, com base em um sentido excessivo de responsabilidade comum em pessoas com TOC, sugere que se você pensa em alguma coisa, precisa agir para garantir que ela não aconteça.

Você provavelmente já teve momentos em que viu perigos, como uma casca de banana no chão, e pensou que deveria tirá-la de lá para que ninguém caísse. Se você pudesse movê-la, provavelmente o faria, mas se estivesse com muita pressa ou não tivesse uma oportunidade conveniente, poderia não parar e não fazer nada a respeito. Para pessoas sem um sentido excessivo de responsabilidade, qualquer uma dessas respostas seria boa. Independentemente de se tiraram a casca de banana do caminho, elas não pensariam mais nisso.

Pessoas com um sentido superinflado de responsabilidade provavelmente reagiriam diferente. Primeiro, retirar a casca de banana para ter certeza de que o perigo foi eliminado seria muito importante. Você iria querer fazer isso independentemente de ser fácil ou conveniente, apesar de qualquer custo, como chegar atrasado. Depois de retirar a casca de banana, você começaria a querer *ter certeza absoluta* de que definitivamente a removeu. Esse desejo provavelmente o levaria a duvidar que o fez e, portanto, verificar. Quando estivesse satisfeito de que removeu o perigo e continuasse sua jornada, você talvez iria querer continuar a lembrar e tentar convencer-se novamente de que, definitivamente, deixou tudo seguro e ninguém poderá cair. Essencialmente, você tenderá mais a se preocupar enquanto se responsabiliza demais pelo bem-estar dos outros.

CAPÍTULO 4 **Explorando Crenças e Significados** 43

Reconhecendo que Você Não Pode Controlar o que Surge na Sua Cabeça

Você não pode controlar o que surge na sua cabeça. Isso é verdade para todos, sofrendo de TOC ou não. É por isso que chamamos esses pensamentos, invasivos ou não, de pensamentos *automáticos*.

EXPERIMENTE

Se você não acredita que não tem poder sobre o que pensa, tente este exercício: feche seus olhos e esforce-se para não pensar sobre um elefante rosa por um minuto. Imagine que você não deve pensar em um elefante rosa absolutamente de maneira ou forma alguma — sem imagens, pensamentos de "ah, não, eu preciso não pensar em um elefante rosa", e assim por diante.

O que aconteceu? Você foi 100% bem-sucedido em não pensar de jeito nenhum em um elefante rosa? Nenhuma ideia de tentar não pensar nele (que é uma maneira de pensar nele), nenhum elefante azul que você ficou feliz de não ser rosa e nenhum pensamento tentou entrar que você afastou?

Normalmente, quando você se esforça para não pensar em alguma coisa, você é mais propenso a pensar nela, por algumas razões:

» Dizendo "Não pense nisso", você está se preparando para pensar nisso.

» Ao dizer "Eu não devo pensar nisso", você está se colocando em alerta vermelho para notar o pensamento e fica bem mais propenso a notá-lo.

» Você dá importância a se você pensa o pensamento, o que significa que você é mais propenso a notar se pensá-lo.

Frequentemente as pessoas tentam não pensar no elefante rosa esforçando-se para pensar em outra coisa. Mesmo com essa abordagem, você está de certa forma em contato com a ideia de um elefante rosa, porque está tentando manter o pensamento longe. Para mais sobre os efeitos de tentar não pensar nas coisas, confira o Capítulo 5.

Desmascarando a Crença "Eu Deveria Ser Capaz de Controlar Meus Pensamentos"

Se você continua acreditando que deve ser capaz de controlar seus pensamentos, então é lógico que você continuará tentando fazê-lo. No entanto, você está basicamente tentando alcançar o impossível ao tentar controlar isso. Talvez isso lhe dê uma ideia do porquê o processo é tão cansativo e frustrante!

Quando você acha que deve ser capaz de controlar seus pensamentos mas continua descobrindo que não pode, você está colocando lenha na fogueira de que algo está errado com você (ou sua mente). Essa ideia tende a fazer as pessoas aumentarem seus esforços de controlar os pensamentos, o que, por sua vez, torna os pensamentos mais frequentes e alarmantes. A Figura 4-1 mostra esse círculo muito vicioso.

Círculo vicioso de tentar controlar os pensamentos

FIGURA 4-1: O que acontece quando você tenta controlar seus pensamentos.

© John Wiley & Sons, Inc.

CAPÍTULO 4 **Explorando Crenças e Significados** 45

LEMBRE-SE

Quanto mais você tenta controlar os pensamentos, pior o problema tende a se tornar! Pense há quanto tempo você tem tentado controlar seus pensamentos invasivos e pense também se fazer isso lhe deu qualquer coisa além de alívio em curto prazo para o problema.

Retirando o Poder do Pensar Mágico

Muitas vezes, as pessoas acreditam que os pensamentos só podem influenciar coisas de uma maneira negativa. Um pensamento ruim pode fazer algo ruim acontecer, mas um pensamento bom (como se imaginar ganhando na loteria) não pode influenciar se algo bom acontece. Supor que alguns pensamentos têm o poder de influenciar o mundo exterior enquanto outros não têm não faz sentido algum.

Presumida, a maneira que você responde a seus pensamentos pode impactar em seu comportamento, que, por sua vez, poderia influenciar eventos externos, mas os pensamentos em si não afetam diretamente nada, a não ser suas respostas a eles.

EXPERIMENTE

Pense em uma pessoa de quem você gosta muito. Agora diga para si mesmo que essa pessoa morrerá hoje. A essa altura, você provavelmente está titubeando e pensando "de jeito nenhum"! Essa é uma resposta bem normal. Ninguém gosta de pensar numa pessoa querida morrendo, mas este exercício é importante para lhe mostrar que, mesmo que você pense deliberadamente nessa coisa ruim acontecendo, é bem improvável que aconteça (e se acontecer, é uma coincidência, em vez de uma evidência de que você pode fazer as pessoas morrerem ao pensar nelas morrendo). Se você se desafiar a fazer esta atividade, pode ensinar a si mesmo que os pensamentos e imagens que surgem na sua cabeça não têm um impacto em eventos externos se você não responder a eles. No Capítulo 5 apresentamos ainda mais ideias e exercícios para se acostumar a pensar em coisas desagradáveis sem responder a elas.

> **NESTE CAPÍTULO**
>
> **Identificando diferentes comportamentos mentais**
>
> **Entendendo como compulsões ocultas mantêm o ciclo do TOC**
>
> **Conferindo a consciência plena isolada**
>
> **Trabalhando com exercícios e ideias para ajudar a retreinar seu cérebro**

Capítulo 5
Respostas Mentais

Todos os tipos de coisas acontecem na sua cabeça, muitas vezes sem que você note. Isso pode dificultar mudar deliberadamente ou melhorar o que está acontecendo lá.

Este capítulo é todo sobre *compulsões mentais* — as coisas que as pessoas fazem em suas cabeças em resposta a obsessões. Elas são ações mentais não vistas que as pessoas realizam na tentativa de aliviar o desconforto ou prevenir catástrofes imaginadas.

Se você é uma das muitas pessoas que sofrem do que é comumente chamado de TOC puro (a ideia de ter obsessões, mas não compulsões), este capítulo definitivamente será útil para você. Se, por outro lado, você acha que suas compulsões são primariamente comportamentos externos, pode se surpreender ao descobrir em quantos desses comportamentos "mentais" internos você também se envolve.

LEMBRE-SE

Quando falamos sobre "pensamentos", também nos referimos a imagens, sensações e desejos. Eles funcionam da mesma maneira e tendem a trazer respostas inúteis similares.

Não são os pensamentos, mas sim o que você faz com eles que mantém o ciclo do TOC (veja o Capítulo 2 para uma explicação muito mais detalhada). Este capítulo o ajuda a identificar as compulsões mentais que você usa com mais frequência, porque ser capaz de identificá-las é o primeiro passo para mudar.

Envolvendo-se com Pensamentos

Obsessões são pensamentos automáticos normais aos quais você deu significado. O significado mais comum é que você não deve ter esses pensamentos e que tê-los significa algo ruim. A equação da obsessão (veja o Capítulo 3) se parece com isso:

FIGURA 5-1: A equação da obsessão.

Pensamento ou imagem **pop-up** + Avaliação ou significado = Obsessão (ou obsessão potencial)

Quando você acredita que não deveria ter certos pensamentos, sente-se muito desconfortável na presença deles e muitas vezes envolve-se neles como uma maneira de tentar reduzir o desconforto.

Infelizmente, quanto mais você se envolve com esses pensamentos, pior o problema se torna. Envolver-se com os pensamentos

> » Dá importância a eles
>
> » Alimenta o desejo por atenção do TOC
>
> » Mantém você pensando ainda mais sobre o assunto indesejado

As seções seguintes destacam algumas das maneiras mais comuns pelas quais as pessoas se envolvem com suas obsessões, mantendo o ciclo do TOC involuntariamente.

Racionalizando

Como parece, racionalizar é uma maneira de tentar se convencer de que a obsessão é errada fornecendo argumentos lógicos contra o que o TOC diz. É similar à técnica usada em alguns tipos de TCC, em que você é encorajado a identificar "erros de pensamento", examinando o conteúdo dos seus pensamentos e ensinando a si mesmo a ter uma visão mais racional deles. Infelizmente, esse processo não ajuda a lidar com o TOC. Se é capaz de alguma coisa, é de piorar o problema, em vez de melhorar.

Quando você tenta racionalizar suas preocupações de TOC, você está se envolvendo com as obsessões e, portanto, involuntariamente, alimentando-as. O TOC é como um cachorro de rua faminto; quando você o alimenta, ele volta.

Por mais racional que seja o argumento que você forneça, você ainda não se sentirá 100% convencido. O TOC gosta de ter a última palavra, então você poderia continuar argumentando para sempre.

Se você tem a tendência de tentar racionalizar seus medos, note que o problema não sumiu, mesmo embora você faça isso desde que se conhece por gente. Essa é uma ótima evidência de que racionalizar não lhe ajuda.

Reafirmação

Este termo se refere a quando você tenta se reafirmar sobre algo, em vez de buscar reafirmação de outros (veja o Capítulo 2). Essa reafirmação muitas vezes toma a forma de tentar se convencer de que algo não é verdade ou que algo ruim não acontecerá. Muito como racionalizar, essa é outra maneira de se envolver com o TOC que não funciona em longo prazo.

DICA

Pergunte-se há quanto tempo você tenta reafirmar-se. Isso resolveu o problema? Se não, você precisa buscar uma solução, ou seja, aprender a viver com a dúvida e deixá-la se acalmar sozinha.

Verificando

Verificar é uma revisão mental que você realiza para tentar sentir-se mais certo de alguma coisa e aliviar sua ansiedade. Adivinha: funciona só em curto prazo. É por isso que você muitas vezes verifica mais de uma vez. A verificação mental funciona da mesma maneira que a verificação comportamental pública e é igualmente inútil em ajudar a resolver o problema em longo prazo. O que é particularmente importante entender sobre verificação de todos os tipos é quanta informação você coloca no seu cérebro com cada verificação e como todos esses dados guiados por verificação sobrecarregam sua mente. Particularmente sua memória de curto prazo, que fica sob pressão e não consegue mover toda a informação para a memória de longo prazo. Combinado com a intolerância da incerteza, isso faz com que pessoas com TOC pareçam muitas vezes tão incertas sobre as coisas que verificaram. Até onde se sabe sobre a verificação, menos é definitivamente muito mais.

Verificações mentais vêm em muitas variedades, incluindo as seguintes:

» **Verificação de memória:** Pensar sobre coisas para ficar claro que você lembrou de fazer (ou não) algo, como trancar a porta.

» **Verificação de informações:** Repassar na sua cabeça para ter certeza de que você entendeu algo corretamente, como se o médico definitivamente disse "duas vezes ao dia".

» **Verificações emocionais:** Verificar para ver se, digamos, você sente "amor" pelo seu companheiro para se convencer de que ele ou ela é a pessoa certa para você; comum em relacionamentos com TOC.

» **Verificação de sensações:** Verificar para ver se você tem qualquer sensação física em resposta a algo, como verificar se você está excitado.

» **Verificação de pensamentos:** Verificar para ver se você ainda está pensando seus pensamentos de TOC.

» **Verificação de resposta:** Analisar sua resposta a um pensamento ou situação para confirmar que você ainda sente uma emoção negativa "adequada", como horror ou desgosto.

Usando a preparação mental

Pessoas usam a preparação mental de maneiras distintas para responder a obsessões:

> » Em vez de se envolver imediatamente em uma compulsão clara, elas usam uma compulsão oculta para planejar ou ensaiar mentalmente um ritual a ser feito mais tarde. Pessoas muitas vezes usam este método em situações nas quais se sentem incapazes de realizar um ritual desejado, seja por inconveniência ou, mais comumente, por vergonha.
>
> » Planejam como evitar gatilhos em potencial, escapar deles ou, pelo menos, ter uma "testemunha" presente para fornecer reafirmação mais tarde, se necessária. Por exemplo, planejam uma rota que evita passar por qualquer obra (por medo de contaminação) ou escolas e parquinhos (por medo de ser um pedófilo).

Introspecção

Introspecção é sobre se envolver no processo de tentar entender pensamentos ou sentimentos obsessivos para encontrar razões para eles. Muitos tipos de terapia encorajam esse processo. A ideia central é a de que entender a raiz ou causa dos problemas lhe ajuda a melhorar.

Infelizmente, esse processo não funciona do mesmo jeito para o TOC. Quando você passa um tempo entendendo por que tem esses pensamentos ou sentimentos e de onde eles vêm, você acaba caindo na armadilha do TOC. Buscar razões dá mais peso às obsessões, o que novamente mantém o ciclo.

A introspecção é frequentemente usada como uma maneira de tentar convencer-se de que o que está experimentando é ou não TOC. Por exemplo, você pode analisar o conteúdo de seus pensamentos enquanto repassa memórias para ver se, em vez de se preocupar em ser gay, você realmente o é e só esteve reprimindo.

Suprimindo Pensamentos

As seções anteriores tratam de várias maneiras diferentes pelas quais as pessoas se envolvem com seus pensamentos obsessivos. Esforçar-se para não tê-los ou tentar suprimi-los de algum jeito é, acredite se quiser, igualmente inútil.

As principais razões para a supressão de pensamentos não funcionar são:

» Quanto mais você resiste, mais os pensamentos persistem. É como colocar pressão em uma mola; quanto mais você empurra, mais forte ela empurra.

» Tentar não pensar em coisas o torna mais propenso a pensá-las (veja o Capítulo 4).

» Reforça a crença inútil de que você não deve ter esses pensamentos.

» Ajuda a manter a ideia errônea de que você não pode lidar com ter esses pensamentos.

» Dá atenção e importância desmerecida aos pensamentos.

As seções seguintes apresentam algumas coisas comuns que as pessoas fazem para ter menos pensamentos de TOC, nenhuma delas funciona muito bem!

Evitando que pensamentos entrem na sua mente

Quando ter certos pensamentos o deixa profundamente desconfortável, fazer o seu melhor para não experimentar esses pensamentos faz sentido (em um nível). A maneira mais comum de tentar prevenir certos pensamentos é através da fuga, normalmente de gatilhos que você acha que podem trazer pensamentos indesejados.

Embora a fuga funcione em curto prazo, esse comportamento o mantém preso reforçando crenças inúteis sobre a inaceitabilidade de pensamentos e sua incapacidade de lidar com eles. (Vá para o Capítulo 4 para mais sobre este tópico.) Quanto mais você tenta evitar os pensamentos, mais se convencerá de que são ruins e que a única razão por algo terrível não ter acontecido são seus esforços em manter os pensamentos longe.

Afastando pensamentos

Como parece, esta técnica é o processo mental de tentar forçar os pensamentos para fora da mente quando você nota que estão presentes. Como você não gosta deles e acha que não deve tê-los, você tenta livrar-se deles mentalmente

- » Afastando-os.
- » Tentando distrair-se com outra coisa para que os pensamentos sejam expulsos da sua mente.
- » Realizando uma resposta específica, como clicar no pensamento e colocá-lo em uma lixeira imaginária.
- » Dizer "Pare" ou estalar um elástico no seu punho.
- » Distrair-se com algo como assistir TV. Esse tipo de distração é diferente da alternativa útil de deixar os pensamentos lá e refocar sua atenção em outro lugar (veja "Diferenciando entre Distração e Redirecionamento" mais tarde neste capítulo).

Mudando ou substituindo pensamentos

Outro método que as pessoas usam para tentar suprimir pensamentos de que não gostam é tentar mudá-los de alguma maneira. Exemplos comuns dessa abordagem incluem os seguintes:

- » Rebobinar e apagar
- » Substituir pensamentos ruins por pensamentos bons
- » Neutralizar pensamentos indesejados por uma oração ou frase mágica

Essa técnica reforça a ideia de que esses pensamentos são ruins e que tê-los em sua mente é muito desconfortável.

Entendendo Por Que Afastar Pensamentos Não Funciona

Quando você empurra alguma coisa, você automaticamente entra em contato com ela. Então, ao tentar empurrar seus pensamentos para longe, você está conseguindo o oposto do que pretende.

EXPERIMENTE

Vá até uma porta e feche-a. Empurre a porta com muita força, imaginando que mantê-la fechada é de extrema importância. Continue empurrando com força para se certificar de que ela continue fechada. Agora, enquanto empurra a porta, tente ignorá-la. (Este normalmente é o ponto em que um olhar interrogativo surge no rosto das pessoas.)

Como empurrar cria contato, ignorar algo que você está empurrando é muito difícil. Uma maneira bem mais fácil de ignorar a porta é parar de empurrá-la para que você não tenha mais contato com ela. O mesmo acontece ao empurrar pensamentos. Quando você empurra, está mantendo-se mais em contato com eles e dificultando ainda mais que sejam ignorados!

Controlando Suas Respostas

Os humanos não são fãs de sentirem-se desconfortáveis, então a reação instintiva ao desconforto é tentar aliviá-lo o mais rápido possível, muito como se coçar. Infelizmente, coçar-se não faz a coceira passar por muito tempo antes de você ter que coçar novamente.

Quando você reconhece que sua estratégia mental não está funcionando, é hora de tentar uma abordagem diferente. Nesta seção apresentamos maneiras de mudar sua atitude em relação ao pensar e explicamos alguns exercícios para melhorar na escolha daquilo em que você presta atenção. Algumas pessoas acham que só essas coisas têm um grande impacto em ajudá-las a vencer seu TOC, entretanto, desenvolver essa atitude junto à realização de alguns exercícios em que você deliberadamente se expõe a seus pensamentos temidos é muitas vezes bom. Para mais sobre como realizar esses exercícios e exemplos específicos, vá para a Parte III.

Mudando suas atitudes em relação a seus pensamentos

Como todas as compulsões ou respostas mentais mantêm o problema, é lógico que para cessar seu TOC você precisa responder de maneira diferente.

Desistir da ideia de que certos pensamentos são "ruins" ou "errados" e vê-los como eventos internos (como discutimos no Capítulo 3) é uma das chaves para superar seu TOC. Se você estiver disposto a tentar responder aos pensamentos *como se* acreditasse que eles não significam nada, você pode começar a se convencer de que esse é realmente o caso.

Praticando a consciência plena

A coisa que a maioria das pessoas quer saber a essa altura é como devem responder ou o que devem fazer com seus pensamentos indesejados. A resposta curta é que você precisa aprender como não fazer nada com esses pensamentos. Você pode fazê-lo praticando a consciência plena isolada.

Consciência plena ou *isolamento consciente* é o nome dado ao processo de estar consciente de seus pensamentos enquanto se separa deles (isolamento). É sobre aprender a experimentar seus pensamentos e sentimentos e relacionar-se com eles de uma nova maneira. Em vez de dar atenção e se envolver com seus pensamentos ou sensações (ou seus julgamentos sobre eles), você dá um passo para trás e se torna um observador passivo desses eventos internos.

LEMBRE-SE

Ver esses pensamentos simplesmente como eventos internos o ajuda a deixar de se envolver nas respostas mentais inúteis que discutimos anteriormente. O isolamento consciente é como ser um espectador de um jogo de futebol (em que os jogadores são seus eventos internos), em vez de ser o juiz. Você não precisa fazer nada, só assiste. Quando ficar muito bom nisso, não precisará nem ser espectador, você será como um zelador do estádio trabalhando, quase não notando a partida.

Ao praticar a consciência plena, não importa se o pensamento, ideia ou sensação é verdadeiro ou real. A consciência plena se trata de se relacionar a esses eventos pelo que são (simplesmente eventos internos) sem julgá-los. Então um pensamento é um pensamento, sendo verdadeiro ou não. Se alguém está em pé na sua frente e você pensa "Há alguém na minha frente", o fato de que é verdade não o impede de ser um pensamento; é um pensamento sobre um fato. Você ainda pode vê-lo como um pensamento e aceitá-lo como tal sem fazer nada sobre isso, se quiser. A consciência plena é formada por três partes distintas:

- » **Consciência plena:** Desenvolvendo consciência de invasões e julgamentos
- » **Isolamento:** Ver o pensamento, imagem, desejo ou sensação como um evento interno que é separado do self (eu/si mesmo)
- » **Separação:** Cessar respostas inúteis como dar significado, controle de pensamento, fuga, e assim por diante

Lembre-se, se você estiver disposto a tratar seus pensamentos invasivos como eventos internos simples sem significado específico, então você precisa responder a eles da mesma maneira que responde a todos os outros pensamentos aleatórios automáticos. Com mais frequência, a maneira que você responde a tais pensamentos é não respondendo! (O Capítulo 3 trata de pensamentos automáticos em mais detalhes.)

DICA

Tente pensar nos seus pensamentos invasivos como se fossem trens passando por uma estação cheia. Você pode notá-los ir e vir, mas é somente um espectador na plataforma e não precisa entrar em nenhum dos trens. Ou pense nos seus pensamentos automáticos como o tráfego em uma rua movimentada. Você não precisa pisar na rua para tentar parar o tráfego, nem precisa atravessá-la; é só deixar o tráfego rolar sem se envolver.

LEMBRE-SE

Não estamos sugerindo que você coloque seus pensamentos em trens ou carros; isso seria o oposto de não fazer nada com eles! Em vez disso, essas analogias são apenas uma maneira de explicar o que queremos dizer com não fazer nada com seus pensamentos. Não é uma ação; é uma atitude.

A consciência plena *não* se trata de ter uma mente vazia! Trata-se de deixar os pensamentos ficarem lá e não fazer nada com eles.

A consciência plena ou isolamento consciente também não é um método de alterar ou se livrar dos pensamentos — é uma maneira de mudar seu relacionamento com eles.

Meditação da consciência plena

Você deve ter ouvido o termo *consciência plena* junto ao termo *meditação*. *Meditação da consciência plena* é uma forma atualmente popular de meditação visando ajudar o desenvolvimento da consciência do mundo interno enquanto permanece no momento presente (em vez de desaparecer em seu mundo interno).

Há muitas similaridades entre a meditação da consciência plena e o isolamento consciente, especialmente a ideia de aprender a observar seus pensamentos e sensações e deixar de responder a eles seja mental ou comportamentalmente. Muitas pessoas encontram a diretiva da prática diária rigorosa da meditação da consciência plena útil. Você normalmente participa de um curso de oito semanas (uma sessão por semana) para aprender e experimentar como praticar a meditação da consciência plena sozinho.

LEMBRE-SE

Ao aprender qualquer nova técnica para lidar com seu TOC, o objetivo é ajudá-lo a notar os pensamentos de uma maneira isolada sem se envolver nos pensamentos de maneira alguma. Isso significa desistir de dar significado, ruminar, preocupar-se, tentar suprimir ou mudar o pensamento, e assim por diante. Não use a meditação da consciência plena como uma maneira de tentar livrar-se dos pensamentos ou como um mecanismo para reduzir a ansiedade.

Desmascarando Preocupações cuja Resposta ou Atenção Você Não Pode Controlar

Você pode achar que sua resposta é automática (não deliberada) e que não pode controlar no que presta atenção; essas ideias são comuns. As seções seguintes detonam esses mitos e mostram como pode ganhar poder sobre essas funções.

Regulando respostas automáticas

Mesmo que suas respostas pareçam automáticas, você pode responder de maneira diferente. O primeiro passo é ser capaz de identificar como responde atualmente. Familiarize-se com as compulsões mentais comuns citadas anteriormente neste capítulo e veja se pode notar com quais compulsões se envolve mais regularmente.

Há diferentes estágios em que você pode escolher responder de maneira diferente:

> » **Antes da compulsão:** Essa estratégia preventiva envolve estar ciente da sua tendência de se envolver em compulsões mentais, o que lhe permite escolher não se envolver antes que comecem. Você pode sentir o desejo de realizar uma compulsão, mas o exercício é usar esse desejo como um sistema de aviso que lhe permite escolher não responder aos pensamentos. Você fortalece sua habilidade de fazer isso expondo-se deliberadamente a pensamentos indesejados (vá aos capítulos 6 e 7 para mais sobre encarar deliberadamente seus pensamentos indesejados).

> » **Durante a compulsão:** Às vezes você pode ter começado a fazer uma compulsão mental antes de perceber. Veja essa situação como uma oportunidade de praticar como interromper suas compulsões mentais em vez de completar a compulsão para alcançar alívio em curto prazo. Assim que notar o que está fazendo, pare, afaste-se, perdoe-se e deixe os pensamentos passarem sem responder mais a eles.

> » **Depois da compulsão:** Quando suas respostas parecem automáticas e você não está ainda ciente de que as está realizando, você pode ser capaz de notá-las apenas depois de realizá-las. Não se preocupe; ser atraído para o comportamento compulsivo no início é normal, e até mais tarde, depois que ficar muito melhor em escolher não realizar compulsões, você ainda pode acabar aqui por engano. Em vez de ver tal deslize como um cassetete para se punir, use-o como uma oportunidade de refletir sobre o que aconteceu e ver se pode identificar as compulsões mentais que usou. Fazer isso aumenta sua consciência de como você responde e ajuda a perceber quando está no meio da compulsão e, em tempo, na pré-compulsão.

Introduzindo o redirecionamento de atenção

Você provavelmente controla regularmente aquilo em que presta atenção sem mesmo perceber. Por exemplo, pense em um tempo quando esteve falando com alguém e ouviu outra pessoa próxima mencionar seu nome. A essa altura, você pode ter escolhido tentar ouvir o que essas outras pessoas estavam dizendo enquanto fingia continuar sua conversa original. Ao fazer isso, você redirecionou sua atenção para longe da conversa que estava tendo em direção à outra conversa para tentar escutá-la. Você escolheu no que prestar atenção.

Para não fazer nada com seus pensamentos, você quer melhorar em não prestar atenção ao fato de que eles estão lá. Afinal, se você não os notar, não o incomodarão muito. Essa abordagem não se trata de não ter certos pensamentos; trata-se de melhorar em não escutá-los e não pensar sobre eles. Trata-se de se importar muito menos com eles.

Praticando a Reeducação da Sua Atenção

Quando você tem TOC, treinou-se involuntariamente para ser muito atento aos pensamentos de que não gosta. Felizmente, pode retreinar-se para prestar muito menos atenção a eles. Pense nisso como ir à academia da atenção.

Este exercício usa sons para ajudá-lo a praticar retreinar seus músculos de atenção. Ele fortalece sua habilidade de escolher para onde direcionar sua atenção, facilitando distanciar-se de pensamentos indesejados.

Para começar, o caminho mais fácil pode ser reservar dez minutos por dia em casa para fazer este exercício.

1. **Escolha quatro sons diferentes que você pode ter competindo um com o outro ao mesmo tempo.**

    Por exemplo, você pode ligar o rádio ou a televisão, tocar uma música no seu telefone ou computador, ligar o aspirador de pó ou abrir uma torneira. Você também pode usar barulhos externos, como pássaros, tráfego ou obras. Os sons que você escolhe não são importantes, contanto que saiba que os escolheu e eles venham de fontes e direções diferentes. Numere-os de um a quatro.

2. **Estabeleça o exercício para que os sons estejam competindo entre eles; sente-se com os olhos abertos e mantenha o foco suave em um ponto à sua frente.**

3. **Preste atenção no som número um.**

   Não se preocupe se é difícil e você pode ouvir os outros sons, só tente manter seu foco de atenção no som um. A ideia não é bloquear os outros sons, mas continuar direcionando sua atenção ao som escolhido sempre que notar que sua atenção vagou ou for puxada por outra coisa.

4. **Depois de um minuto, troque sua atenção para o próximo som.**

5. **Repita os passos 3 e 4 para o terceiro e quarto sons.**

Você pode descobrir que alguns sons são mais fáceis de sintonizar do que outros. Isso é perfeitamente normal. Normalmente, se você acha um som mais envolvente, como uma música pegajosa ou familiar, prestar atenção nele pode ser mais fácil do que focar em algo menos interessante, como o zumbido do tráfego. Continue praticando e desafiando-se para melhorar em manter seu foco em cada um dos sons diferentes.

LEMBRE-SE

Você pode ter notado que não demos uma instrução de não ouvir os outros sons. Se você se esforçar para não ouvir algo, acaba ficando mais ciente disso do que menos ciente. É exatamente o que acontece com seus pensamentos indesejados. Você acaba se esforçando tanto para não ouvi-los que aumenta seu foco neles quando os afasta (veja a seção anterior, "Entendendo Por Que Afastar Pensamentos Não Funciona").

Quando você dominar este exercício em casa, tente fazê-lo em outro lugar. Por exemplo, se estiver no ônibus, pode tentar focar-se em conversas diferentes à sua volta e então mudar sua atenção para o barulho externo do tráfego. Existe barulho em praticamente todo lugar, então pode você encontrar várias oportunidades de praticar manter e mudar a sua atenção.

60   PARTE 2 **Pensando sobre Pensamentos**

Tendo Muito Foco Interno: O Problema

Quando você está preso focando no que acontece na sua cabeça (ou corpo), muitas vezes perde coisas que acontecem à sua volta no mundo externo. Talvez esteja ocupado pensando em algo e acidentalmente esbarre em alguém na rua porque muito da sua atenção estava focada internamente e você não estava realmente olhando para onde estava indo ou ciente do que acontecia ao seu redor.

Este efeito pode ser muito inofensivo quando é só um sonhar acordado ocasional, mas quando você passa todos os dias com a maioria do seu foco direcionado internamente (em seus pensamentos, sentimentos ou sensações), isso se torna um problema por duas razões principais:

- » O que quer que esteja focando internamente recebe mais importância e se torna mais desgastante (e, portanto, provavelmente mais perturbador).
- » Não permite que você funcione direito em seu ambiente, criando problemas com ser produtivo ou se envolver em outras atividades (e muito provavelmente aumentando o humor negativo).

Como você provavelmente experienciou, nenhuma dessas coisas lhe ajuda a vencer o TOC. Em vez disso, elas têm o efeito oposto e fornecem um terreno fértil e confortável para ele.

Redirecionando Seu Foco para Fora da Sua Cabeça

O primeiro passo para descobrir como ficar externamente é começar a prestar atenção à sua atenção. Se você não percebe que está direcionando sua atenção internamente, escolher direcioná-la para outro lugar é bem difícil.

EXPERIMENTE

Coloque um alarme para aproximadamente cada hora. Quando ele tocar, só note aquilo em que você estava prestando atenção antes de ele tocar. Seu foco era interno ou externo? Útil ou inútil? Faça este exercício por alguns dias ou até que desenvolva uma consciência maior de onde está focando sua atenção. À medida que melhora em notar sem o alarme o lembrando, considere tornar os alarmes menos frequentes — talvez só algumas vezes ao dia. Finalmente, você quer desenvolver sua consciência para que seja capaz de notar sem precisar de um alarme para interrompê-lo de atentar a qualquer que seja seu foco, então pense nesse truque como uma estratégia de curto prazo para alcançar este objetivo, em vez de um regime permanente.

O segundo passo é começar a praticar! Ao se tornar mais ciente do seu foco, você pode notar uma tendência de onde você foca. Por exemplo, você pode descobrir que quando está fazendo coisas com amigos, seu foco tende a ser menos internamente direcionado. Ou talvez note que, quando está sentado sozinho ou no ônibus, seu foco tende a ser mais internamente direcionado.

EXPERIMENTE

Faça uma lista das vezes que você é mais propenso em acabar focando internamente e escolha essas vezes para praticar focar externamente. Preste atenção a qualquer coisa fora de si mesmo, ou seja, pergunte-se o que há no seu ambiente, seja algo que possa ver, cheirar, ouvir, tocar ou sentir.

Colocar-se em um papel é uma maneira de ajudar a sair de si e prestar atenção ao seu redor. Para ajudar a desenvolver e manter o foco externo, tente um desses (ou invente seu próprio):

> » **O caçador de locações esquecido:** Seu trabalho é encontrar locações para uma empresa de filmes que está atrás de um lugar como aquele em que você está atualmente (seja sua sala, um trem, a rua, seu escritório ou o que seja). Você encontrou exatamente o que a empresa quer. Infelizmente, não levou uma câmera, então precisará descrever a locação para o diretor do filme. Absorva o máximo de detalhes possível para que possa retransmitir ao diretor e dar a ele uma descrição bem completa da locação.

» **O assistente do artista cego:** Você é o assistente de um artista famoso e amado que foi comissionado a pintar o local em que você está atualmente (qualquer que seja). Infelizmente, o artista perdeu a visão, portanto, como seu assistente, seu trabalho é descrever seus arredores a ele com o máximo possível de detalhes, para que ele possa pintar o ambiente sem mesmo vê-lo. Lembre-se de notar o tamanho, a textura e as cores do que você pode ver.

» **O detetive disfarçado:** Você está liderando uma operação para pegar um grupo de criminosos notórios. Você suspeita que o local em que está faz parte de alguma forma. Você precisa notar o máximo de detalhes possível — os sons, as vistas, os cheiros — para que possa lembrar deles mais tarde caso sejam úteis como parte da operação.

Quanto mais você praticar focar externamente, melhor você ficará. Note por alguns momentos como você se sente quando passa um tempo focando externamente, em vez de nos seus pensamentos e sentimentos.

Outra ferramenta útil para redirecionar sua atenção externamente é dar a você mesmo um desafio de atenção. Por exemplo, você pode decidir que por hoje se esforçará para notar qualquer coisa à sua volta que seja verde. Podem ser as folhas nas árvores, a grama, uma placa de sinalização, um pôster ou uma escova de dentes. Você pode fazer a mesma coisa ao manter um olho aberto para um certo número ou por quanto lixo tem na rua onde você mora.

Você pode muito bem aprender que quanto mais você buscar certas coisas, mais provavelmente as notará, como quando alguém lhe fala sobre uma banda nova ou você aprende uma nova palavra e, de repente, a nota em todos os lugares. Pense sobre o impacto negativo que essa tendência tem quando sua atenção é direcionada a focar em suas preocupações do TOC e coisas relacionadas a ele.

LEMBRE-SE

O objetivo desses exercícios é ajudá-lo a começar a mudar seu foco de atenção do seu mundo interno para o mundo externo. Não os use como uma maneira de evitar pensar em certas coisas ou como uma maneira de se distrair (veja a seção a seguir).

CAPÍTULO 5 **Respostas Mentais**

Diferenciando entre Distração e Redirecionamento

Muitas pessoas confundem distrair-se de seus pensamentos e sentimentos de TOC (que é inútil e agrava o problema) com redirecionar sua atenção a atividades externas.

A linha entre as duas é bem tênue. Entretanto, aqui está uma maneira simples de entender a diferença: trata-se apenas da sua intenção.

Quando você tenta distrair-se dos seus pensamentos e sentimentos de TOC, você está tentando fugir ou escapar deles de alguma maneira. Você está tentando não pensar ou sentir essas coisas. Essa abordagem é um tipo de fuga e só piora o problema em longo prazo.

Quando você tenta redirecionar sua atenção para outro lugar, você está deixando os pensamentos e sentimentos ficarem lá, mas escolhendo não se envolver com eles.

Para redirecionar sua atenção com sucesso, você precisa primeiro estar ciente de como está pensando ou sentindo e então escolher ver isso como um evento interno que não precisa de resposta. (Se isso soa muito como a consciência plena que discutimos anteriormente neste capítulo, é porque é exatamente isso.) Para se ajudar a não responder a isso, você redireciona sua atenção a atividades externas. Entretanto, a intenção em redirecionar sua atenção é ajudar-se a se libertar dos pensamentos ou sentimentos, em vez de se livrar deles.

DICA

Redirecionar sua atenção é mais fácil quando você se envolve em uma atividade que move seu corpo ou foca sua mente em uma nova tarefa. Por exemplo, levantar-se e caminhar ou envolver-se em uma atividade esportiva é mais útil do que sentar-se no sofá e ler um livro (embora ler um livro seja melhor do que envolver-se com suas obsessões). Quando você se envolve em algo mentalmente desafiador como fazer uma palavra cruzada ou tricotar um padrão complicado, ficar focado é mais fácil do que se você estiver fazendo algo que não requer muita atenção a detalhes, como tricotar um padrão simples e repetitivo.

Atacando Seu TOC Ativamente

NESTA PARTE . . .

Descubra como encarar seus medos e parar seus rituais como parte da exposição e prevenção de resposta (EPR).

Monte seu próprio programa EPR deliberado.

Faça um plano para se manter motivado e lidar com o seu TOC um dia de cada vez.

> **NESTE CAPÍTULO**
>
> Compreendendo como funciona a exposição e prevenção de resposta
>
> Clareando os fundamentos de EPR
>
> Respondendo perguntas comuns

Capítulo 6

Explorando a Exposição e Prevenção de Resposta

Este Capítulo trata de uma parte específica do tratamento de TOC chamada *exposição e prevenção de resposta* (EPR). É a base do processo de tratamento, então é muito importante que você a entenda claramente e saiba como usá-la. EPR é um método testado e aprovado para ajudar pessoas a superarem o TOC; tem sido usado desde a década de 1950 e mostrado ser extremamente efetivo quando realizado corretamente! Se você já tentou antes e não funcionou, não assuma que não é para você. Este capítulo pode ajudá-lo a se equipar com a compreensão e a competência para realizar EPR com sucesso, para que você possa derrotar seu TOC!

Desmembrando a EPR

Exposição e prevenção de resposta (EPR) tem um status quase místico no campo da psicoterapia. Psicanalistas antigos tinham medo de que prevenir indivíduos com TOC de realizar seus rituais os levariam a se descontrolar e se tornar psicóticos. Mesmo dentro do campo do TCC, é visto às vezes como um dos tratamentos mais simples e brutais. Muitos terapeutas atualmente preferem o termo "experimento comportamental". A verdade é que a EPR não precisa ser excessivamente estranha ou angustiante.

Explicando o termo EPR

A parte da *exposição* de EPR significa, bem simplesmente, colocar-se de frente a coisas que seu TOC o leva a temer ou evitar por períodos de tempo para permitir que sua ansiedade ou desconforto acalme-se sozinho (um processo chamado *habituação*; veja a seção posterior "Esclarecendo como a EPR funciona" para uma explicação mais detalhada). Por exemplo, se você normalmente evita tocar em algo por medo de se contaminar, uma exposição seria tocar essa coisa repetidamente. Se você normalmente evita certas situações por medo de ter certos pensamentos, uma exposição seria colocar-se nessa situação até que ficasse menos incomodado por ela. Falaremos muito mais sobre como projetar suas próprias exposições e lhe daremos vários exemplos no Capítulo 7.

A parte de *prevenção de resposta* de EPR significa parar de realizar suas respostas neutralizantes usuais — parar de fazer qualquer uma das coisas que você normalmente faz para se manter seguro, sentir-se melhor ou aliviar o desconforto de qualquer maneira. Então, se sua resposta normal fosse lavar suas mãos depois de tocar em algo que você acha que está contaminado, a prevenção de resposta seria não lavar as mãos e, em vez disso, usá-las para tocar outras coisas, mesmo embora elas *pareçam* contaminadas. Se você responder a pensamentos que considera ruins ou errados substituindo-os por um pensamento que você considera bom ou certo, a prevenção de resposta seria permitir que o pensamento ruim fique na sua cabeça e se cuide sozinho.

Vendo por que só a prevenção de resposta raramente é o suficiente

As pessoas perguntam muito se podem apenas fazer a parte da prevenção de resposta do tratamento. A resposta curta é não. Estudos mostraram que o tratamento apenas de resposta não é tão eficaz quanto fazer exposições com prevenção de resposta. Você provavelmente já tentou não responder e descobriu que é muito difícil. Se tivesse sido fácil ou eficaz, você não estaria lendo este livro! Pense em fazer exposições deliberadas como uma maneira de trazer as coisas contra as quais você luta para que possa praticar repetidamente como responder de forma diferente. Essa abordagem lhe ajuda a desistir de seus rituais de maneira permanente.

LEMBRE-SE

No tratamento do TOC, "exposição" e "prevenção de resposta" não são duas entidades separadas que você pode escolher. Elas precisam ser combinadas, ou você não terá benefícios. Pense nelas como uma escova e uma pasta de dentes: uma sem a outra é de uso limitado para você!

Esclarecendo como a EPR funciona

Em termos simples, a EPR funciona enfrentando as coisas que você teme, em vez de evitá-las. Ao experimentar o desconforto que vem ao confrontar seus medos sem realizar qualquer resposta neutralizante ou comportamento de busca de segurança, você aprende que pode lidar, porém desconfortavelmente, com a coisa temida. Normalmente, quanto mais você faz isso, mais fácil fica. Esse processo é chamado *habituação*. A Figura 6-1 mostra a habituação em forma diagramática.

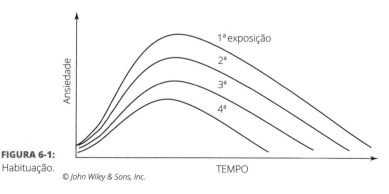

FIGURA 6-1: Habituação.
© John Wiley & Sons, Inc.

CAPÍTULO 6 **Explorando a Exposição e Prevenção de Resposta** 69

Pense agora sobre as coisas com as quais se acostumou no passado. Por exemplo, talvez você tenha ficado nervoso no seu primeiro dia em uma nova escola ou em um novo emprego. Como você se sentiu no final da primeira semana? Você ainda se sente nervoso depois de seis meses? Agora imagine que por causa dos seus nervos você se virasse e fosse para casa toda vez que chegou no portão da escola ou em frente ao escritório. Você teria se sentido menos nervoso no dia seguinte? Provavelmente não. Pelo contrário, quanto mais você adiasse entrar, mais aumentariam seus nervos ou ansiedade sobre começar.

Desvendando o ingrediente secreto: Ações antiTOC

Como esboçamos nas seções anteriores, a EPR tem dois componentes principais, mas há uma terceira parte para a EPR de sucesso que é frequentemente esquecida (talvez porque não seja mencionada no título). Essa parte é a que chamamos de "ações antiTOC" ou "fazer o oposto do que o TOC quer".

Então, para ajudá-lo a atacar seu TOC usando EPR, queremos que você

> » Exponha-se a seus medos
> » Escolha não realizar rituais ou comportamentos neutralizantes

Agora adicionamos o ingrediente especial: vá um passo além deliberadamente e faça o oposto do que o TOC quer que você faça.

LEMBRE-SE

EPR não se trata só de não responder; trata sobre fazer deliberadamente o oposto do que o TOC quer. Esse comportamento antiTOC é o que facilita recusar-se a se envolver nos rituais compulsivos.

As seções a seguir lhe dão alguns exemplos para explicar o que queremos dizer. São só alguns exemplos de comportamento antiTOC. Não se preocupe se o conteúdo do seu TOC for diferente desses; a fórmula permanece a mesma:

> exposição ao medo + cessar rituais/neutralizações + comportamento antiTOC = TOC enfraquecido

70 PARTE 2 **Pensando sobre Pensamentos**

Veja o Capítulo 7 para mais exemplos de comportamento antiTOC para diferentes tipos de TOC.

Paulo

Paulo tem um medo de acidentalmente causar danos aos outros. Ele responde a seus pensamentos e sentimentos de TOC verificando e reverificando se todos os itens elétricos na casa estão desligados ou desconectados das tomadas. Às vezes ele leva mais de uma hora para sair de casa. O comportamento antiTOC de Paulo é andar deliberadamente pela casa ligando as luzes e deixando todos os itens elétricos conectados antes de sair. Isso é o oposto do que o TOC quer que ele faça.

Ao fazer isso, ele aprende o seguinte:

> » Viver com a ansiedade de ter deixado os aparelhos ligados
> » Deixar as coisas ligadas faz com que seus medos se tornem realidade
> » Que não tem sentido verificar se as coisas estão desligadas se ele deixá-las deliberadamente conectadas e ligadas

Marta

Marta tem pensamentos e imagens invasivas de ser queimada viva e ir para o inferno. Ela tenta prevenir esses pensamentos de surgirem na cabeça fazendo orações positivas e evita passar por qualquer cemitério ou casa funerária. O comportamento antiTOC de Marta é pensar deliberadamente em imagens do inferno e do demônio enquanto passa por cemitérios.

Ao fazer isso, ela ensina a si mesma o seguinte:

> » Que ela pode lidar com estar em um cemitério *mesmo* se estiver pensando no inferno
> » Que pensamentos e imagens do inferno podem deixá-la ansiosa, mas que ela pode tolerar a ansiedade
> » Que ela não precisa evitar os pensamentos e imagens ou coisas que podem levar a eles

Leandro

Leandro se preocupa em contrair HIV ao tocar algo que acha que está contaminado e então passar para outras pessoas. Ele evita muitos objetos cotidianos, como maçanetas, interruptores, assentos e dinheiro (para citar alguns). Sempre que se sente contaminado, Leandro lava as mãos, roupas e corpo excessivamente. O comportamento antiTOC de Leandro é tocar um objeto temido e então não se lavar e também espalhar deliberadamente a contaminação tocando suas roupas e objetos comuns que ele julga "limpos" ou "seguros" (como seu telefone, controle remoto, sofá, mesa da cozinha, e assim por diante).

Ao fazer isso, Leandro vê o seguinte:

> » Que ao contaminar outros objetos, é mais difícil evitar seu medo, o que lhe dá uma oportunidade de confrontá-lo
>
> » Que sua ansiedade sobre a contaminação diminui com o tempo mesmo se ele não se lavar
>
> » Que quando tanto ele quanto seus arredores parecem contaminados, seu desejo de se lavar ou fugir na verdade diminui

Fazendo exposições deliberadas

Exposição deliberada significa buscar de propósito a situação temida, em vez de esperar que uma situação surja e dispare seu TOC. O objetivo das exposições deliberadas é desafiar seu TOC de cabeça erguida. Abordá-lo dessa maneira apresenta vários benefícios. Primeiro, permite que você fique no comando do seu tratamento, em vez do seu TOC. Você decide como e quando fazer as exposições. Pense em exposições deliberadas como tentar ficar em forma para uma maratona. Você pode esperar que surja uma situação em que precise correr, como estar atrasado para pegar um trem, para praticar sua corrida, ou você pode se juntar a um clube de corridas e correr regularmente.

Segundo, quando você decide fazer exposições deliberadas, tem a oportunidade de se preparar para como quer responder de maneira diferente (ou seja, não reagindo aos pensamentos e sentimentos, mas sim ficando na situação até seu desconforto acalmar naturalmente). Se alguém se esgueirasse por trás de você e tentasse empurrá-lo, provavelmente teria muito sucesso, porque você não estaria esperando. Mas se a mesma pessoa o avisasse de que tentaria empurrá-lo, você provavelmente lidaria muito melhor com isso.

Terceiro, quando você faz deliberadamente o oposto do que o TOC quer ao se expor a seus medos e envolvendo-se em um comportamento antiTOC, começa a tirar o poder do TOC. Imagine que está em pé ao lado de uma piscina fria e alguém (seu TOC) está ameaçando empurrá-lo. Você provavelmente sentirá medo da possibilidade de ser empurrado. Entretanto, decidir mergulhar e pular sozinho o livra da sua ansiedade sobre a perspectiva de ser empurrado. Provavelmente estará ocupado demais lidando com a situação real, em vez da ameaça. Agora que você está na piscina, quão poderosa é a ameaça de ser empurrado? Não há poder mais, porque a tarefa já foi realizada.

LEMBRE-SE

Pense em exposições deliberadas, como mostrar o dedo do meio para o TOC, como "Sério, TOC, você não quer que eu faça? Azar o seu; farei assim mesmo!".

Respondendo a Perguntas Comuns de EPR

Começar algo novo como EPR pode ser confuso, e você pode ter muitas dúvidas sobre como fazê-lo corretamente. Não se preocupe, você não está sozinho! Nesta seção respondemos a várias perguntas que nos fazem com frequência.

LEMBRE-SE

O TOC aumenta a probabilidade de dúvidas e a necessidade de certeza. Fique alerta a isso quando tiver dúvidas sobre o processo. Embora estejamos ansiosos para que fique claro o porquê de estar fazendo EPR e como fazê-lo, ainda há um elemento de tentativa e erro. Se você esperar ter certeza absoluta de que está fazendo certo, nunca começará, então pratique uma abordagem "tentar e ver".

Como devo esperar me sentir quando faço EPR?

Lembrando que a ideia por trás da EPR é encarar seus medos, você deve esperar sentir pelo menos algum nível de desconforto ou emoção negativa, seja ansiedade, vergonha, desgosto, culpa, raiva ou outro. A ideia é experimentar esses sentimentos e então escolher não responder. Seu nível de desconforto pode ser bem alto, mas quanto mais você tolerar sem responder, melhor ficará.

Às vezes as pessoas sentem um nível de desconforto muito menor do que previram. Essa discrepância normalmente acontece porque o medo se acumulou em suas mentes em um nível irreal. Se você não sente muita ansiedade ou desconforto ao fazer a exposição, pode querer se perguntar se a exposição é desafiadora o bastante e ver se você desistiu adequadamente das suas estratégias de fuga e compulsões. Discutimos esses comportamentos no Capítulo 2). Você pode ler mais sobre solução de problemas no Capítulo 7.

Ocasionalmente você pode ter uma reação mais extrema do que a prevista. Esse resultado não é incomum e não é motivo para se preocupar. Nunca dá para ter certeza de como você responderá, especialmente se estiver se expondo a algo que tem evitado há muito tempo.

Com que frequência preciso de EPR?

Sempre que possível! De preferência todos os dias, especialmente no começo do processo, para que você possa ganhar impulso, resolver qualquer dificuldade e começar a ver algum progresso. O Capítulo 8 é dedicado a sugerir um plano diário para ajudá-lo a manter a regularidade da EPR. Quando você escolher um exercício específico de EPR e realizá-lo, o melhor plano é tentar repetir o exercício assim que possível. Quanto mais frequentemente você fizer o exercício, mais rápido verá resultados.

Nós entendemos que você ainda tem sua vida para levar e não deve fazer exposições em detrimento dela. Entretanto, se você encarar seu medo uma vez e não o fizer por um tempo, pode imaginar como o medo poderá se acumular novamente. Se você tem medo de cachorros, acariciar um cachorro pode ajudá-lo a ver que consegue lidar com estar perto de cachorros, mas se meses se passarem até que você veja outro cachorro, seu medo provavelmente retornará. Velhos hábitos custam a morrer, então, quanto mais rigorosamente você puder desafiá-los, melhor!

JARDINAGEM PSICOLÓGICA

Imagine que seu TOC é um grande jardim coberto de ervas daninhas. Se você quer que o jardim fique livre delas, precisa arrancar todas. Você pode arrancá-las gradualmente, algumas de cada vez. Entretanto, as ervas daninhas têm o hábito de espalharem-se rapidamente, então quanto mais devagar arrancá-las, mais delas terá para se livrar. Você pode escolher tentar arrancar todas de uma só vez, mas dado o tamanho da tarefa, pode muito bem ficar sobrecarregado e desistir ou apressar-se e ser descuidado. A melhor maneira para ter um jardim livre de ervas daninhas é lidar com uma quantidade manejável em cada sessão, mas faça a próxima arrancada o mais rápido possível, para evitar que muitas ervas daninhas se espalhem durante esse tempo. Quanto mais regularmente você limpar seu jardim, mais livre de ervas daninhas ele ficará. Com o tempo, seu jardim não precisará mais de quantidades grandes de limpeza. Só precisará de manutenção para arrancar as velhas ervas daninhas que teimam em retornar.

Quanto tempo vai demorar para eu melhorar?

Esta pergunta é muito difícil de responder, porque cada um progride no seu tempo. Não há uma regra fixa sobre quanto tempo deve durar o tratamento. Será diferente para cada um, dependendo de onde você começa, quanto tempo dedica a ele e quão motivado está para ultrapassar as barreiras da dor. Quanto mais esforço colocar em se ajudar a superar seu TOC (ou ainda, quanto mais se esforçar para tolerar o desconforto expondo-se a seus medos e escolher responder de maneira diferente), mais rapidamente você melhorará.

Algumas pessoas podem achar que têm melhorias significativas em apenas algumas semanas de dedicação a desafiar seu TOC. Para outras, acontece ao longo de meses ou até anos. Foque em trabalhar no problema e reconhecer seu progresso (como discutiremos no Capítulo 8), em vez de se preocupar com quanto tempo vai levar.

LEMBRE-SE

Superar seu TOC requer dedicação, perseverança e paciência, e cada um destes é muito mais valioso para você do que pensar na sua velocidade!

E se eu não tiver nenhuma compulsão?

Um tipo de TOC do qual você pode ter ouvido falar é chamado de *puro*, como em "puramente obsessivo". Também pode ser chamado de *TOC de ruminação*, porque a preocupação toma forma de ruminação ou de pensar a mesma coisa repetidamente. Esse tipo de TOC parece ser diferente de outras formas com compulsões óbvias (como lavar e verificar), mas a maioria das compulsões são compulsões mentais (por exemplo, tentar bloquear pensamentos ruins ou substitui-los por bons). O Capítulo 5 lhe ajuda a identificar qualquer compulsão mental oculta que você pode ter deixado passar. Essa forma de TOC é, de fato, muito comum e muito tratável, assim como as outras formas de TOC.

Depois que estiver claro quais são suas compulsões mentais, você pode usar a fórmula EPR bem facilmente: você cessa a realização da compulsão e faz o oposto. Por exemplo, se normalmente tenta substituir um pensamento negativo por um positivo, você não só se recusa a substituir o pensamento negativo como também a evocar deliberadamente um pensamento ou imagem que você julgue ainda mais negativo. (Vá ao Capítulo 7 para mais ideias sobre como fazer EPR com compulsões mentais.)

E se o problema piorar?

Nós entendemos que mudar táticas para lidar com seu TOC pode ser uma perspectiva assustadora. Entretanto, se você seguir os passos neste livro para lidar com seu TOC, é improvável que tenha um impacto negativo sobre ele. Afinal, você tem lidado com seu TOC do seu jeito desde que consegue se lembrar e não resolveu o problema, então vale a pena tentar lidar com ele de uma maneira diferente.

DICA

Seu TOC gosta de lutar para ficar no controle, então pode muito bem continuar a tentar persuadi-lo de que essa nova maneira é perigosa demais e não funcionará. Há apenas uma maneira de descobrir quem está certo, então tente e veja o que acontece. Você pode muito bem sentir-se desconfortável com esse tipo de incerteza ou risco, o que não é surpreendente, já que são características-chave no TOC, mas tolerar esse desconforto e testar novos comportamentos é a chave para superar seu TOC.

NESTE CAPÍTULO
Personalizando a EPR
Trabalhando pelo processo da EPR
Explorando diferentes tipos de exposições
Superando obstáculos em sua jornada EPR

Capítulo 7

Construindo Seus Próprios Exercícios de Exposição e Prevenção de Resposta

Este capítulo é o campo de batalha onde você treina para derrotar seu TOC. *Exposição e prevenção de resposta* (EPR) não é um processo altamente complicado, mas o mal pode estar nos detalhes, então nós guiamos você através dele passo a passo .

Esclarecendo os Detalhes de EPR

Quando você sabe como seu TOC é mantido e entende os princípios do tratamento, então está pronto para começar a atacar seu TOC de cabeça erguida usando EPR. Não adie mais. Você ficará surpreso com o quanto pode se ajudar fazendo isso. Pode ser assustador e difícil, mas a boa notícia é que funciona notavelmente bem quando você faz do jeito certo e com regularidade!

Lidar sozinho com as coisas nem sempre é fácil, e para dar a si mesmo a melhor chance de ter sucesso você precisará de algumas ferramentas básicas para começar. A principal é a *hierarquia*, uma lista de seus medos que é quase como uma lista de problemas e objetivos da TCC padrão. Você também precisa de uma lista das suas compulsões comuns. As seções seguintes desmembram esses elementos.

Montando sua própria hierarquia

Uma hierarquia é simplesmente uma lista dos seus medos, desmembrados e colocados em ordem do quanto você os acha angustiantes. Ter uma hierarquia é como ter um mapa; permite que você veja o terreno e vá para onde quer ir. As tabelas 7-1 e 7-2 apresentam algumas amostras de listas de itens de hierarquia para que você possa ter uma ideia.

TABELA 7-1 **Exemplo de Hierarquia para Medo de Contaminação**

Item	Angústia Prevista
Tocar no vaso sanitário sem lavar minhas mãos, tocar todas as áreas "limpas" da minha casa e preparar uma refeição.	100
Tocar o assento da privada sem lavar minhas mãos, tocar todas as áreas "limpas" da minha casa e preparar uma refeição.	80
Tocar o chão perto do vaso sem lavar minhas mãos, tocar todas as áreas "limpas" da minha casa, como toalhas, roupas, superfícies da cozinha, xícaras, e assim por diante.	60

Item	Angústia Prevista
Tocar a maçaneta e corrimãos da minha casa sem lavar as mãos e então tocar áreas "limpas" da minha casa, como toalhas, roupas, superfícies da cozinha, xícaras, e assim por diante.	50
Tocar uma sacola que eu acho que está contaminada e então tocar meu cabelo e roupas.	40

TABELA 7-2 Exemplo de Hierarquia para Medo de Causar Danos Esfaqueando

Item	Angústia Prevista
Dormir com uma faca debaixo do travesseiro sem falar para o meu parceiro.	100
Segurar uma tesoura contra o pescoço do meu parceiro como parte de um exercício combinado.	80
Carregar uma tesoura no bolso quando estou em casa cuidando dos filhos.	70
Carregar uma tesoura no bolso quando estou sozinho em casa.	60
Segurar uma faca e tesoura afiada com o apoio do meu parceiro.	40

Para montar sua hierarquia, siga estes passos:

1. **Em uma folha em branco, anote (sem uma ordem específica) o máximo possível de coisas que você teme fazer como resultado do seu TOC.**

Não se preocupe com o tamanho da lista. Algumas pessoas têm só alguns itens, enquanto outras têm centenas. Você está só fazendo um *brainstorming*. O número não é necessariamente representativo do quão ruim é seu TOC ou de quanto tempo demorará para você melhorar.

Essa lista não precisa ser exaustiva, só uma aproximação que cubra as principais áreas problemáticas. Você sempre pode adicionar coisas depois.

DICA

Pergunte-se sobre o que você evita como resultado do seu TOC. Você pode tentar também pensar o que disparou seu TOC nos últimos dias e semanas ou perguntar a um amigo ou familiar se você deixou passar algo óbvio. Procure por onde você realiza compulsões ou rituais e você encontrará algo que precisa ir para a sua hierarquia.

2. **Em uma segunda folha de papel, escreva uma escala de 10 a 100 no lado direito da página (veja a hierarquia de exemplo).**

    Por enquanto, use os números da escala como múltiplos de 10 (10, 20, 30, e assim por diante). Você sempre pode encaixar 15, 25 e outros números intermediários mais tarde se precisar.

3. **Classifique seus medos do Passo 1 na escala do Passo 2.**

    Primeiro, escolha seu maior medo e coloque como 100. Esse medo é o item que você escreveu durante o *brainstorming* no Passo 1 que você imagina ser a pior coisa possível. Você provavelmente está tremendo agora só de pensar nele. Se está só começando a atacar seu TOC, pode muito bem escrever essa coisa pensando que nunca será capaz de atacá-la. Essa reação é completamente normal. Só coloque-a aí e poderá lidar com ela mais tarde.

    Em seguida, escolha o medo ou medos que são os menos provocadores de ansiedade para você e coloque ao lado a escala 10. Essas são as coisas que você ainda evita ou às quais responde inutilmente, mas que poderá fazer diferente sem muita dificuldade se você se esforçar.

    Agora passe pelos outros itens na lista de *brainstorming* e os coloque na hierarquia onde você acha que estão na ordem de dificuldade. Essa posição não precisa ser exata — é só um guia —, então não passe muito tempo se preocupando se algo é um 40 ou um 50. Pergunte-se "Eu acho esse item mais difícil ou mais fácil que esse outro?". Ao fazer isso, você tem uma ideia aproximada de onde colocar as coisas. Você pode ter várias coisas no mesmo nível de dificuldade, e isso também não tem problema.

LEMBRE-SE

A hierarquia não é um documento fixo, mas, sim, um guia para ajudá-lo a saber o que atacar. À medida que começa a fazer EPR, você pode descobrir que as coisas mudam um pouco em termos de

> **AJUDE-ME! TODOS MEUS MEDOS SÃO IGUALMENTE RUINS**
>
> Ocasionalmente algumas pessoas acham que todos os seus medos parecem igualmente assustadores e que é muito difícil de diferenciá-los em relação ao quanto provocam ansiedade. Se esse é o seu caso, não se preocupe; você pode definitivamente realizar EPR com sucesso (você não vai se livrar tão fácil)! Em vez de fazer sua hierarquia em ordem de dificuldade, simplesmente coloque seus medos na ordem em que quer começar a lidar com eles.

quão angustiantes você as acha. Também pode descobrir que algo simplesmente para de ser angustiante depois que você lidou com outras coisas de nível similar ou mais alto.

LEMBRE-SE

Itens na sua hierarquia devem estar dentro do reino da possibilidade. Por exemplo, se seu pior medo possível é ir ao espaço, não coloque no topo da hierarquia, a não ser que você seja um astronauta ou turista espacial. Entretanto, se seus medos são baseados na vastidão do universo, você poderia colocar ir em um simulador espacial.

Criando uma lista das suas compulsões comuns

A segunda ferramenta para EPR é simplesmente uma lista de tudo o que você faz para tentar aliviar sua angústia ou para sentir-se melhor quando seu TOC é ativado. Podem ser rituais, fugas ou compulsões (veja o Capítulo 1 para mais sobre compulsões). Você pode achar que sabe tudo sobre suas compulsões, mas vale a pena pensar sobre elas e escrever uma lista para que seja capaz de se lembrar, no calor do momento, o que você é proibido de fazer.

Lembre-se de que compulsões podem ser ocultas (disfarçadas), assim como óbvias (evidentes; veja a Tabela 7-3). Por exemplo, substituir um pensamento por outro ou por uma oração é um ritual disfarçado (ou mental). Para mais sobre rituais mentais, vá para o Capítulo 5. Você provavelmente faz coisas que nunca percebeu que eram realmente compulsões.

CAPÍTULO 7 **Construindo Seus Próprios Exercícios de Exposição...** 81

TABELA 7-3   Compulsões Evidentes e Disfarçadas

Compulsões Evidentes (Visíveis)	Compulsões Disfarçadas (Ocultas)
Buscar reafirmação de outros ou da internet	Racionalizar
Repetir ou refazer ações ou frases	Autotranquilização
Lavar excessivamente (por exemplo, a si mesmo ou um membro da família)	Verificar (por exemplo, rever detalhes na sua cabeça)
Limpeza excessiva (por exemplo, de roupas, objetos ou cômodos)	Preparação mental
Fuga (por exemplo, de pessoas, lugares ou coisas)	Introspecção (por exemplo, pensar repetidamente sobre as razões do seu TOC)
Verificar (por exemplo, interruptores, cadeados, torneiras, e assim por diante)	Afastar pensamentos
Ordenar (por exemplo, colocar coisas no lugar para que pareçam certas)	Tentar evitar que pensamentos entrem na cabeça
Acumular (por exemplo, manter papéis, bens desnecessários, e assim por diante)	Mudar ou substituir pensamentos

Nós reunimos as seguintes amostras de listas de compulsões comuns para ajudá-lo, mas quando você escrever sua lista, precisará ser mais específico. Então, em vez de escrever "fuga", você escreveria "usar luvas para tirar o lixo"; você escreveria "continuar dizendo a mim mesmo que nunca machuquei ninguém", em vez de escrever "me tranquilizando". Quanto mais específico você for quando listar suas compulsões, mais facilmente poderá notar quando estiver realizando-as ou tentado a realizá-las.

Aqui está uma amostra de lista de compulsões para medo de contaminação:

    Usar luvas para tirar o lixo

    Manter coisas contaminadas em sacos de lixo

    Usar lenços antibacterianos para limpar itens contaminados

    Inspecionar pacotes por sinais de contaminação

Jogar fora itens que acho que estão contaminados

Lavar as mãos depois de tocar algo que pareça contaminado

Usar chaves, em vez dos dedos, para pressionar botões de elevadores

Usar os dentes para puxar as mangas do casaco para cima

Usar gel antibacteriano quando se sentir contaminado

Procurar na internet para ver se algo é perigoso e como limpar melhor as coisas

E aqui está uma amostra de lista de compulsão para medos supersticiosos:

Tentar evitar que pensamentos entrem na minha cabeça (principalmente fugindo de coisas que possam trazê-los)

Tentar bloquear mentalmente o pensamento colocando uma parede imaginária na minha mente

Trocar pensamentos ruins por pensamentos bons

Repetir ações até fazê-las sem o pensamento ruim na minha cabeça

Tentar me tranquilizar de que sou uma boa pessoa e que não fiz nada para me trazer má sorte

Pedir reafirmação para minha mãe de que não agi mal

Repetir meu mantra de boa sorte na cabeça até não sentir mais os efeitos do pensamento ruim

O Evento Principal: Realizando a EPR

Quando você tiver compilado sua hierarquia e lista de compulsões comuns (como descrito nas seções anteriores), estará pronto para mergulhar na EPR. As seções seguintes lhe ajudarão no processo de escolher um ponto inicial até reconhecer seu progresso.

LEMBRE-SE

Ao começar seus exercícios, lembre-se dessas regras simples para uma EPR de sucesso:

» Planeje sua EPR com antecedência para que fique claro o que e por que está fazendo.

» Siga o *princípio desafiador mas não esmagador* (em que você não se esforça tanto que chega a perder a motivação; veja o próximo box para mais detalhes).

» Prepare-se lembrando a si mesmo das compulsões que tende a ter.

» Seja minucioso ao realizar o exercício, lembre-se de ir além do "normal" e fazer o oposto do que o TOC quer.

» Quando seus níveis de estresse estiverem altos, lembre-se de que ao aguentar o desconforto, em vez de escapar dele com uma compulsão, você está ajudando a si mesmo a derrotar o TOC.

» Fique na situação ou mantenha a exposição até que seus níveis de angústia diminuam naturalmente sozinhos.

» Seja gentil consigo mesmo. Note o que você fez e parabenize-se pelo esforço feito.

Nós discutiremos muitas dessas orientações em mais detalhes nas próximas seções.

Determinando por onde começar sua EPR na hierarquia

Não há uma regra fixa sobre exatamente onde começar a atacar seu TOC na sua hierarquia.

Você pode achar que as coisas no final da sua lista não o desafiarão o suficiente e querer começar um pouco mais para cima. Ou pode sentir que mesmo as coisas do final da lista parecem ser um grande desafio e querer começar lá.

> **DESAFIADOR, NÃO ESMAGADOR**
>
> Como regra geral, exposições precisam ser desafiadoras para beneficiar você. É como tentar ficar fisicamente em forma. Se o exercício parece muito fácil, você provavelmente não está se esforçando o suficiente e, portanto, não terá muitos benefícios. Entretanto, é melhor não lidar com algo que pareça esmagadoramente difícil, porque fazer isso provavelmente o atrasará. Imagine que você decidiu começar seu novo regime fitness correndo uma maratona. Provavelmente seria demais para você, e você não seria capaz de completá-lo. Você ficaria desmotivado, sem mencionar as lesões em potencial! (Veja "Desmembrando tarefas que parecem impossíveis".) Resumindo, você quer sentir que a exposição é um desafio para você, mas que seja suficientemente manejável para não ser totalmente esmagadora.

DICA

Nós recomendamos começar com algo que será útil para você e que fará diferença na sua vida cotidiana. Se possível, escolha algo que você se sentirá aliviado por ser capaz de atacar de maneira diferente.

Outra boa maneira de se colocar no ritmo de fazer sua EPR é escolher algo da hierarquia que lhe beneficiaria de outras maneiras (como evitar ir ao cabeleireiro ou gastar tempo com alguém que seu TOC normalmente o faz evitar). Quando você lida com algo que lhe dá o benefício de confrontar seu TOC e um segundo ganho (como satisfação, fazer algo ou ajudá-lo a sentir-se bem de alguma maneira), a recompensa dupla o motiva a atacar outras coisas.

Indo além do que é "normal"

Como notamos no Capítulo 6, em sua forma mais simples, uma exposição é fazer o oposto do que o TOC quer. Esse comportamento antiTOC pode muitas vezes significar fazer algo que você pode pensar que até uma pessoa "normal" (alguém sem TOC) não faria.

LEMBRE-SE

Tenha certeza de que pessoas com TOC são tão normais quanto aquelas sem! Nós usamos a palavra *normal* para fazer referência a alguém sem TOC só porque é como normalmente ouvimos pessoas com TOC dizer.

CAPÍTULO 7 **Construindo Seus Próprios Exercícios de Exposição...** 85

Fazer exposições não se trata de fazer o que é "normal". Trata-se de ir um passo além para que você se desafie e saiba que ainda pode lidar mesmo se for além do "normal". Pense nisso como ter um carro com direção defeituosa. Se a direção vai naturalmente demais para a direita, você não pode simplesmente colocar o volante reto para corrigir o problema. Você precisa corrigir mais para a esquerda. Ao se corrigir demais, você quebra os hábitos de sentir-se confortável, prova a si mesmo que consegue lidar e cria um amortecedor para que, se você escorregar um pouco, escorregue pouco, em vez de para o território excessivo onde começou.

Desmembrando tarefas que parecem impossíveis

Você pode achar que alguns itens na sua hierarquia são demais para lidar em uma tentativa, mas isso não é uma boa razão para não fazê-lo! Sempre há uma maneira de desmembrar as coisas. Às vezes só requer um pouco de pensamento e criatividade. Por exemplo, digamos que você tenha pensamentos invasivos que evita ou neutraliza e acha a ideia de dizer ou escrever o pensamento muito esmagadora. Você pode começar escrevendo a primeira letra ou letras do pensamento e acostumar-se com os sentimentos que surgem ao fazer isso antes de continuar escrevendo mais algumas letras. Ao desmembrar a tarefa em exposições manejáveis, você trabalha em direção a escrever ou dizer o pensamento invasivo inteiro.

A ideia é seguir as mesmas regras como para qualquer outra exposição — ou seja, se expor a um estímulo temido (ou uma parte menor dele) e então deliberadamente fazer o que o TOC não quer (digamos, espalhar, tocar ou o que quer que seja). Contanto que você não realize nenhuma compulsão ou resposta neutralizadora, então ainda é um exercício de EPR que vale a pena.

LEMBRE-SE

A chave para derrotar o TOC está em aprender a se habituar a sentimentos de angústia que vêm com ele, para que com o tempo, o estímulo não mais produza esses sentimentos. Veja o Capítulo 6 para mais sobre habituação.

DICA

Lembre-se sempre do princípio "desafiador mas não esmagador" (discutido no box anterior). Não há sentido em desmembrar tudo se não for necessário. Só significa o dobro do trabalho para passar por tudo.

Fazendo seu caminho por toda a hierarquia

Você deve estar pensando "Eu tenho que fazer tudo na minha hierarquia?". A resposta curta é sim. Se você gastar tempo e energia desafiando muitas das coisas na sua hierarquia mas não confrontar as coisas grandes no topo, é provável que o TOC piore lentamente de novo. É como tirar as ervas daninhas de um jardim, mas sem se preocupar em se livrar de todas. As que ficam simplesmente polinizam, e o problema volta. Então todo o tempo e esforço colocado na limpeza de início foi um desperdício.

À medida que você trabalha pela sua hierarquia, pode descobrir que a vida diária se torna um pouco mais fácil e que seu TOC não é um problema tão grande. Quando você se sente melhor, pode ser difícil se motivar a desafiar as coisas mais difíceis. Não deixe que seu TOC convença você de que não há sentido em lidar com as coisas grandes!

A única vez que você não precisa fazer algo na sua hierarquia é se parar de achar aquilo angustiante. Às vezes as pessoas descobrem que quando começam a fazer EPR em alguns itens da hierarquia, outros itens automaticamente não parecem mais ser um problema. Se esse for o caso, então você pode simplesmente riscar esses itens da lista (e dar a si mesmo um grande tapinha nas costas).

Sabendo quando você pode parar o exercício

Aqui estão alguns critérios que você pode ficar instigado a usar para decidir quando terminar seu exercício de EPR:

> » Quando me sentir realmente angustiado
> » Quando ficar sem tempo

CAPÍTULO 7 **Construindo Seus Próprios Exercícios de Exposição...** 87

> » Quando não puder mais ser incomodado
> » Sempre que eu quiser
> » Quando alguém me disser que já é o bastante
> » Quando o cachorro precisar de ração

Infelizmente, nenhum desses critérios é válido. Realisticamente, se você estiver fazendo seu exercício de EPR corretamente, sentirá algum nível de angústia. É da natureza humana querer tentar escapar desses sentimentos (é para isso que serviram suas compulsões e rituais até agora).

Lembrando que a ideia da EPR é ajudá-lo a se acostumar com esses sentimentos sem fugir, é importante esperar até que seus níveis de desconforto tenham caído o máximo possível antes de parar o exercício. Se seu nível de desconforto começa muito alto, digamos um nove de dez, você pode descobrir que só consegue ficar na situação até que ela alcance um seis ou um sete. No entanto, quanto mais você se encoraja a ficar na situação, mas acostumado fica com o estímulo, diminuindo assim seus níveis de angústia. À medida que sua angústia cai, seu desejo de realizar um ritual também deve diminuir.

DICA

Pode parecer estranho, mas quanto mais minucioso você for em fazer o oposto do que o TOC quer (por exemplo, espalhar a contaminação ou dizer as coisas que você normalmente evita pensar), mais fácil será para você não realizar qualquer compulsão. É como se o TOC pensasse "Opa, isso é demais para eu acertar, então é mais fácil eu agrupar e me acostumar com isso".

Explorando Ideias para Exercícios de EPR

Depois que as pessoas entendem a teoria por trás da exposição e prevenção de resposta, elas podem às vezes ficar presas em começar a escolher uma exposição para um medo específico. No entanto, não há falta de modos de fazer isso; você só tem que ser corajoso e criativo. Há três maneiras principais de fazer exposições:

> **Exposição de vida real (muitas vezes chamadas de *in vivo*):** Como o nome sugere, a *exposição de vida real* é quando você é capaz de confrontar os medos ou gatilhos em si, seja lidando com algo contaminado, indo a um bar gay, ficando perto de uma arma potencialmente letal, andando por um cemitério, ou o que quer que seja.

> **Exposição simulada:** *Exposição simulada* é usar algo para disparar a obsessão sem realmente estar na situação. Você a usa quando não é possível se colocar na situação ou para lhe dar mais acesso para fazer exercícios de EPR. Exemplos incluem assistir filmes, ver imagens, ir em um simulador de voo, e assim por diante.

> **Exposição imaginária:** *Exposição imaginária* significa usar sua imaginação para evocar o pior cenário, que você então escreve, lê em voz alta ou grava e escuta. Essa abordagem é particularmente útil quando os gatilhos são pensamentos ou imagens específicos, porque tira o ferrão deles. Ouvir-se dizer essas coisas lhe ajuda a se acostumar com elas e o encoraja a aprender a deixá-las lá, sem prestar atenção nelas.

DEMÔNIO DO TOC

Seu demônio do TOC tende a argumentar que você não deve se acostumar com esses pensamentos, porque são terríveis demais e porque não reagir é como dizer que não há problema em tê-los. Lembre-se de que são só pensamentos e que não significam nada. Para mais detalhes sobre esse argumento, confira os capítulos na Parte II.

A tabela a seguir oferece ideias para exercícios de exposição com diferentes tipos de TOC. Lembre-se de que esses são apenas alguns exemplos para ajudar a lhe dar uma ideia. De maneira nenhuma é uma lista completa. Existem incontáveis maneiras de fazer esses exercícios. Vale a pena ler as ideias para todos os tipos diferentes de TOC (não só o seu), porque os exemplos não são úteis apenas para o subtipo listado. Podem muito bem ser bons para você também.

DICA

Se parecer errado, provavelmente está certo!

TABELA 7-4 Ideias para exercícios de exposição com diferentes tipos de TOC

Tipo de TOC	Jeito do TOC	Jeito AntiTOC	Exemplos
Contaminação (física)	Evitar possíveis contaminantes ou descontaminar através da limpeza de áreas e lavando-se.	Tocar deliberadamente as coisas que você teme e espalhar essa "contaminação" para outras coisas ou áreas que você julga "seguras ou limpas".	Tocar interruptores e maçanetas e então ir à cozinha e tocar louças e talheres nos armários. Pegar roupas íntimas usadas e colocar por cima de roupas, bolsa, telefone etc. Abraçar amigos para espalhar a contaminação ainda mais.
Contaminação de pensamento (mental)	Tentar evitar ter pensamentos ou repetir uma ação até ser feita sem pensamentos "inadequados".	Ter pensamentos indesejados deliberadamente enquanto realiza tarefas e toca em objetos.	Atravessar uma porta enquanto tem um pensamento inadequado na cabeça. Gravar-se repetindo os pensamentos indesejados e ouvir enquanto faz atividades disparadoras.
Pensamentos sexuais inadequados/ indesejados: p. ex., medo de pensamentos homossexuais, medo de pensamentos sexuais inadequados sobre crianças, medo de ver seios ou genitais.	Evitar gatilhos, buscar material relacionado à adequação/ inadequação dos pensamentos/ sentimentos: p. ex., online, monitorar-se por excitação em hora adequada/ inadequada.	Buscar gatilhos deliberadamente enquanto permite pensamentos ou sentimentos e sensações físicas ocorrerem sem resistir, mudar ou monitorar.	Colocar-se em situações em que indivíduos gatilhos estão presentes ou usar fotografias, filmes, programas de TV, revistas etc. que contenham imagens de indivíduos gatilhos.

Tipo de TOC	Jeito do TOC	Jeito AntiTOC	Exemplos
TOC de relacionamento	Monitorar sentimentos românticos em relação ao parceiro, comparar com sentimentos em relação a outros, perscrutar as falhas do parceiro, tentar ver se o parceiro é "certo" para você.	Colocar-se deliberadamente em situações que aumentam suas dúvidas e escolher tolerar a incerteza.	Agir como se acreditasse que o parceiro é o "certo", apesar das dúvidas: p. ex., comprar flores, dizer "eu amo você", ser carinhoso. Escrever o cenário imaginário em que está preso no relacionamento "errado" e arrepender-se amargamente de não estar com outra pessoa. Ler repetidamente para si.
Medo de violência	Evitar estar em situações em que pode ser potencialmente violento, evitar objetos que possam ser usados como armas, monitorar pensamentos e desejos violentos	Colocar-se deliberadamente em situações em que você teme que poderia causar danos e ter acesso a armas em potencial.	Dormir com uma faca debaixo do travesseiro. Preparar vegetais usando uma faca afiada com as crianças por perto. Carregar uma corda na bolsa.
Medo de danos acidentais	Evitar ficar em situações em que pode potencialmente causar danos. Verificar repetidamente que você não causou danos.	Colocar-se deliberadamente em uma situação em que teme que possa causar danos, reduzir o cuidado e eliminar comportamentos de segurança, resistir à verificação.	Dirigir por uma rua movimentada sem olhar no retrovisor. Ficar lado a lado ou atrás de alguém em uma plataforma de trem.

Tipo de TOC	Jeito do TOC	Jeito AntiTOC	Exemplos
Sensório-motor	Monitorar processos de reflexo físico e tentar controlá-los ou verificar se ainda estão funcionando. Evitar fazer qualquer coisa que ache que poderia interferir nesse processo.	Fazer coisas deliberadamente que você teme que poderiam interferir nesses processos de reflexo e deixar de monitorar e verificar. Fazer o oposto do que está tentando fazer para resolver o problema.	Se você teme não conseguir respirar, desafie-se a segurar a respiração. Se você teme que respira demais ou que sua respiração é irregular, respire rapidamente ou hiperventile de propósito. Escreva seu pior cenário e leia repetidamente.
Simetria/ordem	Tentar ter certeza de que tudo está do jeito que você acha que precisa. Reduzir as atividades que interfeririam nisso.	Fazer as coisas parecerem "erradas" deliberadamente colocando os itens fora de ordem ou do lugar.	Bagunçar a ordem dos seus livros para que não estejam em ordem de tamanho/cor. Deixar a cama desarrumada.
Religioso/blasfemoso	Tentar viver por princípios religiosos ao pé da letra. Substituir pensamentos ou imagens blasfemosas por outras mais "aceitáveis" ou tentar tirar esses pensamentos da cabeça.	Expor-se deliberadamente a gatilhos de pensamentos blasfemosos.	Ir a um lugar de adoração e permitir que pensamentos blasfemosos entrem em sua mente ou pensá-los de propósito. Gravar-se dizendo um pensamento blasfemoso ou descrever imagens blasfemosas e ouvi-las repetidamente.
Supersticioso	Evitar coisas que você acha que causam azar ou desastre. Realizar rituais que você acredita que repelem o azar.	Expor-se deliberadamente a gatilhos temidos e fazer coisas que você ache que causarão azar ou desastre.	Quebrar um espelho. Abrir guarda-chuvas dentro de casa. Realizar atividades múltiplas de 13 (ou pegar o ônibus número 13).

Lidando com Obstáculos

Em TCC, nós vemos obstáculos como oportunidades para aprender. Há vários obstáculos comuns que pessoas tendem a encontrar quando usam EPR. Nesta seção discutimos essas armadilhas e damos dicas sobre como lidar com elas.

Realizando uma compulsão depois de uma exposição

Uma exposição se trata não apenas de se expor à coisa temida, mas também de não realizar a resposta normal. A maneira mais fácil de se ajudar a não realizar sua compulsão ou ritual é dar aquele passo a mais e fazer uma ação antiTOC (veja o Capítulo 6). Entretanto, mesmo que você tenha feito tudo certinho, seu TOC às vezes ganha a batalha, e você escolhe a solução de curto prazo para diminuir seu nível de angústia.

Se isso acontecer, não se preocupe. Não é esperado que você necessariamente consiga todas as vezes. Se você acabar realizando uma compulsão ou ritual, lembre-se de três coisas importantes que pode fazer para se ajudar no futuro.

1. **Note o que aconteceu.**

Pense na razão de não ter se sentido capaz de resistir em realizar a compulsão. Lembre desse tópico como algo que pode muito bem surgir da próxima vez, para que você se lembre de não se entregar a ela.

2. **Repita a exposição.**

Quando você neutraliza a exposição diminuindo sua angústia com uma solução de curto prazo (como lavar, refazer, reafirmar, e assim por diante), a melhor coisa a se fazer é refazer a exposição para que o TOC não fique com a última palavra! Dessa maneira você se ajuda a ficar mais forte em resistir às compulsões, porque se reexpuser a si mesmo toda vez que fizer uma compulsão durante um exercício de EPR, sua mente começará a achar que não adianta realizar a compulsão.

3. **Não seja duro consigo mesmo.**

Quando você briga consigo mesmo, sente-se mal. Quando você se sente mal, sente-se menos capaz de lutar contra o TOC. Lembre-se de que a EPR é trabalho duro, mas que, se continuar tentando, começará a ganhar lentamente. Aceite-se apesar de falhar na exposição nessa ocasião e estará mais propenso a conseguir na próxima vez.

Trabalhando com níveis altos de desconforto

Como você sabe bem, sentir níveis altos de desconforto é muito desagradável, então é compreensível que queira que esses sentimentos diminuam o quanto antes. Entretanto, em algumas ocasiões, quando está fazendo um exercício de EPR, você pode achar que seus níveis de desconforto demoram um tempo considerável para diminuir. Esse período de tempo não é necessariamente um sinal de que você fez algo errado ou que deve fazer algo para aliviar sua angústia. Em vez disso, é um sinal de que você está desafiando algo difícil. Quanto mais você mantiver esses sentimentos sem tentar fazer nada para sentir-se melhor, mais poderoso será o exercício.

Tente essas estratégias quando seus níveis de estresse estiverem altos:

> » Lembre-se de que a angústia pode ser superdesagradável, mas não é prejudicial e que essa dor de curto prazo o leva ao objetivo de longo prazo de superar seu TOC.
>
> » Tente focar em uma atividade, em vez de no quanto você está se sentindo angustiado. Se você puder ficar na situação em que se sente angustiado, melhor ainda. Por exemplo, se você acabou de contaminar sua cozinha, foque em fazer uma atividade lá como varrer o chão, separar a correspondência ou arrumar um armário.
>
> » Certifique-se de que você não só se expôs ao medo, mas também realizou ações antiTOC. Pode soar contraintuitivo, mas quanto mais você fizer o oposto do que o TOC quer, mais facilmente você pode se habituar à situação.

> Note quanto tempo você foi capaz de ficar com a angústia antes de parar a exposição ou realizar uma compulsão. Quando você repetir a exposição, desafie-se a ficar nela um pouco mais do que a vez anterior. Se você fizer isso todas as vezes, lentamente aprenderá a se habituar aos sentimentos. (Você deveria tentar repetir a exposição logo — por exemplo, no dia seguinte.)

Resolução de problemas quando você não está aflito em exercícios de EPR

Em geral, as pessoas tendem a sentir angústia ou desconforto ao fazer EPR. Se você não sentir muita aflição quando fizer o exercício, isso pode ser devido a várias razões:

- » **Você escolheu algo que não é desafiante o bastante.** Veja o box "Desafiante mas não esmagador" neste capítulo para informações sobre este princípio.

- » **Você realizou involuntariamente algum tipo de comportamento de segurança (frequentemente fuga) ou compulsão, como se reassegurar de que nada de ruim acontecerá.**

- » **Você está fazendo o exercício corretamente, mas não é tão angustiante quanto você esperava.** Essa situação é bem comum. Muitas vezes, quando você tem evitado algo por muito tempo, o medo se acumula na sua mente e você supõe que será muito mais angustiante do que é na realidade. Você provavelmente consegue lembrar de outras situações em que se preocupou sobre como lidaria com algo, e então, quanto chegou a hora, não era tão difícil quanto você esperava.

LEMBRE-SE

A ansiedade muitas vezes faz as pessoas superestimarem o quão ruim algo será e subestimarem o quão bem lidarão com ela, então é um obstáculo duplo! Na verdade, as coisas frequentemente não são tão ruins quanto você pensa, e suas habilidades de lidar com elas são muito melhores do que você acha. Mas é claro que você só descobre isso esforçando-se a fazer as coisas que você teme!

Arranjando tempo para EPR

A vida pode ser agitada nas melhores épocas, mas quando você está lutando com o TOC atrasando você, pode ficar ainda mais difícil. Embora lembrar de encaixar algo novo possa parecer um desafio, as exposições raramente consomem mais tempo do que os rituais que você é acostumado a fazer. "Eu não tive tempo" é normalmente outra maneira de dizer "Eu não quis fazer", então não se deixe enganar por essa desculpa.

Em geral, tente fazer um exercício de EPR o mais cedo possível no dia. Ao fazer isso, você se coloca na mentalidade "superando o TOC" pelo resto do dia e se dá a satisfação de já ter feito algo para atacá-lo.

DICA

Em ocasiões em que o tempo é curto ou há outro obstáculo e você não pode fazer o exercício que queria (por exemplo, você planejou dirigir para algum lugar e o carro está na garagem), veja se pode encontrar uma exposição alternativa mais curta para substituí-la.

Aceitando quando não vai bem

Apesar dos seus melhores esforços, provavelmente haverá vezes em que você lutará para se esforçar a realizar sua EPR ou será incapaz de completar o exercício sem realizar algum tipo de compulsão ou resposta neutralizante. Isso é completamente normal! Você está se esforçando para superar algo difícil e desafiando-se a agir de maneiras novas e desconfortáveis. Não é esperado que você triunfe sempre.

Se você estiver mal, cansado ou tiver várias outras coisas a fazer, pode achar difícil encontrar forças para lutar contra seu TOC. Quando isso acontecer, a coisa mais importante a lembrar é de não brigar consigo mesmo sobre isso. Não se trata de deixar você se safar e deixar o TOC ganhar. Trata-se de ser compassivo consigo mesmo e reconhecer que você é humano e às vezes falha ou comete erros. Não importa o quanto essa humanidade é irritante, não é o fim do mundo e não significa que você nunca superará o problema. Só significa que não conseguiu nessa ocasião. Brigar consigo mesmo só faz com que se sinta pior e não o motiva a ser melhor da próxima vez.

Quando os tempos são difíceis, às vezes você precisa se esforçar mais para que possa sentir uma sensação de realização. Outras vezes você precisa deixar que se safe temporariamente e só fazer o que quer que possa para passar o dia. Nessas ocasiões, lembre-se de fazer o seguinte:

> » Aceite que você não pode lidar com isso nessa ocasião.
>
> » Reconheça que contratempos são uma parte normal do processo e são esperados.
>
> » Note o que tornou mais difícil para você.
>
> » Pense se pode fazer alguma coisa para se ajudar da próxima vez.
>
> » Estabeleça um plano para quando refizer o exercício.
>
> » Seja bom consigo mesmo. Reserve um tempo para fazer algo para si mesmo que seja relaxante e afetuoso.

Percebendo que o tratamento tornou-se parte do problema

Infelizmente, precisar de certeza e tendências perfeccionistas podem muitas vezes se transferir ao próprio processo de tratamento. Por exemplo, você pode verificar que está seguindo todas as regras ao pé da letra ou buscar reafirmação em um livro, website ou terapeuta de que está fazendo o tratamento corretamente. Essa experiência não é incomum e é uma maneira que seu TOC pode mantê-lo preso no círculo vicioso de precisar de certeza e evitar o desconforto da dúvida. Se você notar que isso começou a acontecer, simplesmente siga as mesmas regras para lutar contra isso:

> » Deliberadamente faça a exposição de maneira incorreta e lide com o desconforto sem se envolver em qualquer resposta neutralizadora.
>
> » Lembre-se de que responder de maneira diferente à incerteza é uma parte essencial do processo de recuperação.

LEMBRE-SE

O ponto da EPR não é se livrar dos pensamentos e sentimentos, mas permitir que você lide com eles de maneira diferente. Se você não está mais respondendo aos pensamentos e sentimentos com compulsões, rituais ou respostas neutralizadoras de qualquer tipo, não há necessidade de continuar as exposições.

> **NESTE CAPÍTULO**
>
> Planejando seu tratamento de TOC
>
> Motivando-se

Capítulo 8
Vencendo o TOC Um Dia de Cada Vez

Não seria bom se você pudesse mudar um hábito ou resolver um problema simplesmente descobrindo como fazê-lo e então tentando? Infelizmente, nem sempre é tão fácil. No mínimo você normalmente passa por um período de tentativa e erro antes de aperfeiçoar uma nova habilidade. Imagine se quando você aprendeu a andar só ficasse de pé um dia e estivesse perfeitamente equilibrado, capaz de correr, pular e saltar. Como você sabe, não é assim que acontece. Primeiro você passa anos vendo e entendendo e então aprende a ficar em pé e dar alguns passos. Lenta, mas seguramente, você aprende a se equilibrar e se torna mais confiante à medida que pratica.

O mesmo acontece ao usar terapia cognitivo comportamental (TCC) para tratar TOC. Sim, é de novo essa velha ideia de "a prática leva à perfeição" — e junto com a prática você precisará de um pouco da velha determinação e um bocado de paciência.

Este capítulo trata de como se ajudar a manter a prática do seu conhecimento e afiar suas habilidades de derrotar o TOC. Nós criamos um plano passo a passo para você usar e consultar diariamente, para que tenha uma estrutura para ajudá-lo a derrotar seu TOC.

Fazendo um Plano Diário Passo a Passo

A jornada que você está empreendendo pode às vezes ser dura, e é fácil sair do rumo, então use os passos desta seção como marcadores para mantê-lo indo na direção certa.

Passo 1: Entendendo o objetivo da TCC para TOC

Antes de começar qualquer nova aventura, precisa ficar claro por que você está fazendo o que está fazendo, então a primeira coisa de que precisa é de um objetivo para seguir. Caso contrário, você pode se perder facilmente no caminho.

Quando perguntamos às pessoas qual é seu objetivo em relação ao seu TOC, a resposta mais comum é "me livrar dele", o que, claro, faz muito sentido, dado que é algo que está causando muito desconforto e atrapalhando a vida cotidiana. No entanto, com esse objetivo você corre o risco de cair nas mesmas armadilhas que o TOC estabelece para você: reagir a pensamentos, imagens, sentimentos e desejos invasivos com o objetivo de se livrar deles imediatamente (ganho em curto prazo), em vez de escolher não agir sobre eles e lidar de maneira diferente com os sentimentos que surgem como resultado (ganho em longo prazo). (Veja o Capítulo 2 para mais sobre os benefícios de escolher reagir de maneira diferente ao seu TOC.) Então propomos que você tenha um objetivo levemente diferente que o leve em direção a não ter o TOC sem exigir um foco específico de se livrar dele.

Como notamos ao longo do livro, a TCC funciona para TOC de maneira geral, então todo o mundo pode ter um objetivo em comum, não importa que tipo de TOC você tenha. Pode não ser tão brusco quanto "livrar-se do TOC", mas ainda é um bom objetivo para você, esteja você pensando que seu TOC é o mais comum ou o mais incomum:

> Aprender a permitir que todos os pensamentos, imagens, sentimentos e desejos invasivos cuidem-se por si só treinando a mim mesmo para reagir de maneira diferente a eles até que não me causem mais angústia significativa ou interfiram na minha vida.

LEMBRE-SE

Quanto melhor você fica em agir contra o seu TOC, mais fácil é ignorá-lo. Quanto mais fácil é ignorá-lo, menos ele o incomoda. Quanto menos ele o incomoda, mais fácil é agir contra ele e continuar com as coisas mais importantes na sua vida!

Passo 2: Criando marcos

Vencer seu TOC é um processo que leva tempo, como uma longa jornada. Marcos ajudam você a

- » Saber que você está indo na direção certa
- » Sentir-se menos sobrecarregado ao desmembrar uma tarefa grande em pedaços mais manejáveis
- » Ver até onde você já chegou

Uma maneira de criar esses marcos é fazer uma lista dos medos que você quer atacar e pensar sobre onde você coloca seus marcos na lista. (O Capítulo 7 apresenta mais detalhes sobre fazer tal hierarquia.) Talvez você queira atacar três ou quatro coisas na sua hierarquia para alcançar o primeiro marco. Você pode colocar quantos marcos achar útil.

Outra maneira de criar marcos é fazer uma lista de coisas que você gostaria de ser capaz de fazer se não tivesse TOC (veja a Parte IV para mais sobre viver a vida por seus valores). O que você precisa ser capaz de fazer para sentir que alcançou um marco? Você decide o que considera um marco. Lembre-se de que alcançar seus marcos lhe dá um senso de realização e o encoraja a continuar, então seja generoso consigo mesmo e coloque marcos suficientes para se manter motivado. (A seção posterior "Recompensando a si mesmo" apresenta uma tabela para listar seus marcos, para que possa manter o controle de como está indo.)

Passo 3: Planejando sua EPR

O método de tratamento mais poderoso para desafiar seu TOC é a *exposição e prevenção de resposta* (EPR). A EPR é o processo pelo qual você se expõe a seus medos enquanto desiste das coisas que normalmente faz para se manter seguro ou confortável e recusa se envolver em qualquer ritual ou compulsão. Você encontra uma explicação mais detalhada de EPR no Capítulo 6.

Comprometer-se em agir contra seu TOC é uma coisa, fazê-lo é outra. Por isso, sugerimos a prática diária de EPR, para que você possa entrar em uma rotina. Não dê espaço para adiar até amanhã!

Faça um favor a si mesmo e escolha a opção fácil de fazer um plano para praticar sua EPR para que possa se manter nela mesmo quando realmente não estiver a fim e seu TOC estiver jogando todos os tipos de granadas. Afinal, se você quisesse ver o show da sua banda favorita, você compraria o ingresso e planejaria a viagem com antecedência ou você chegaria no dia para ver se conseguiria um trem até o local e esperaria que ainda tivessem ingressos para o show? Claro, a segunda maneira funciona, mas é muito menos provável.

Pense em reservar alguns minutos no fim de cada dia para planejar sua exposição para o dia seguinte. Quando você adquire o hábito de revisar sua exposição diária (veja a seção posterior "Passo 5: Mantendo o controle da sua EPR"), planejar a próxima ao mesmo tempo flui naturalmente (mesmo se você for repetir a mesma exposição).

LEMBRE-SE

Como você se treinou involuntariamente para lidar com seu TOC de maneiras inúteis, levará tempo e exigirá perseverança para se retreinar. O TOC é uma besta esperta e tentará de todas as maneiras possíveis impedi-lo de fazer qualquer coisa de que ele não goste — o truque é fazer um plano e ater-se a ele, não importa o que o TOC diga ou faça para tentar dissuadi-lo.

DICA

Lembre-se das orientações para a EPR de sucesso listadas no Capítulo 7 quando projetar seus exercícios. Se você estiver com algum problema pensando nos exercícios de exposição, também pode querer consultar a tabela no Capítulo 7.

Passo 4: Fazendo sua EPR

Este passo parece bem óbvio, mas se pulá-lo, você provavelmente não alcançará seus objetivos.

Há três partes para se fazer um exercício de EPR:

LEMBRE-SE

- » Expor-se ao medo
- » Resistir ao desejo de realizar qualquer compulsão
- » Agir de uma maneira antiTOC

O Capítulo 7 tem uma explicação mais detalhada de como fazer exercícios de EPR corretamente.

LEMBRE-SE

Seu TOC dará várias desculpas — sem tempo, assustador demais, e se..., e assim por diante — para desencorajá-lo de seguir a EPR, mas se você quer mudar, precisa aprender a ignorar todas essas coisas. (Note que se você chama de "razão", provavelmente ainda é uma desculpa.)

TABELA 8-1   **Relatório de Atividades**

Exercício EPR de hoje: (a que você está se expondo deliberadamente para se habituar à ansiedade e aprender a responder de maneira diferente)	P. ex., dirigir pela escola local na hora da saída, quando haverá várias crianças ao redor		
Comportamentos de segurança para parar: (qualquer coisa que você faça para reduzir ansiedade ou risco em potencial)	P. ex., dirigir muito lentamente, verificar constantemente nos retrovisores	**Eu parei TODOS os meus comportamentos de segurança?** (Se não, o que eu fiz e por quê?)	Eu dirigi no limite da velocidade e só verifiquei meu retrovisor três vezes

CAPÍTULO 8 **Vencendo o TOC Um Dia de Cada Vez**   103

Compulsões para parar: (qualquer coisa que você faça durante ou depois para tentar sentir-se melhor)	Retraçar meus passos para ver se ninguém se machucou, verificar online se não houve fatalidades reportadas, relembrar a jornada na minha cabeça para me convencer de que não atropelei ninguém	Eu me impedi de realizar TODAS as minhas respostas inúteis?	Eu comecei a refazer a jornada na cabeça para me convencer de que não havia machucado ninguém, mas assim que notei o que estava fazendo, pratiquei deixar os pensamentos lá sem me envolver com eles
Predição 1: **Nível de ansiedade** (quão ansioso você acha que se sentirá)	8/10	Resultado 1: Nível de ansiedade	6/10
Predição 2: **Duração** (quanto tempo você acha que a ansiedade durará)	Cerca de uma hora	Resultado 2: Duração	Cerca de 20 minutos
Predição 3: **Habilidade de lidar** (quão bem você acha que lidará)	Eu ficarei péssimo, não serei capaz de continuar nada depois	Resultado 3: Habilidade de lidar	Eu me senti mal, mas consegui ir e fazer as compras

O QUE POSSO APRENDER COM ESSE EXERCÍCIO DE EPR?

Foi difícil e eu não queria fazê-lo, mas foi um pouco menos provocador de ansiedade do que eu achei que seria. A ansiedade diminuiu depois de pouco tempo, mesmo embora eu não tenha feito nada para tentar me sentir melhor, e eu fui capaz de continuar com o meu dia.

PRECISO FAZER ALGO DIFERENTE DA PRÓXIMA VEZ?

Preciso me desafiar a não olhar no retrovisor enquanto passo pela escola.

Passo 5: Mantendo o controle da sua EPR

Quase tão importante quanto fazer os exercícios (mas não tanto) é rever como eles foram e o que você aprendeu no processo. Quanto mais compreensivo e consciente você estiver do que acontece quando você age contra seu TOC, mais bem armado você ficará para desafiá-lo. Você está se dando o trabalho duro de se treinar para reagir de maneira diferente a seus pensamentos, imagens, sentimentos e desejos indesejados, então não há sentido em poupar a revisão que lhe ajuda a afiar suas habilidades e ser um oponente mais forte para seu TOC.

Para ajudar a facilitar o planejamento e a revisão do processo, nós criamos uma tabela para você. Dê uma olhada no exemplo e lembre-se de que você pode usar essa ferramenta independentemente da forma que seu TOC tem. Por exemplo, se você não tem nenhum comportamento de segurança que saiba e só tem compulsões (física ou mental), então só preencha a caixa das compulsões e deixe a outra em branco. Tente não deixar em branco a caixa "o que eu aprendi". Se é a mesma coisa que você aprendeu no dia anterior, apenas repita. Se você está lutando para pensar em algo, pergunte--se "Eu sobrevivi para contar a história?". Saber que você está passando por isso, não importa com quanto desconforto, é uma coisa muito útil de lembrar.

Passo bônus: Conferindo a lista de verificação diária

Só para ressaltar a importância de fazer seus exercícios de EPR todos os dias e revisá-los, nós fizemos uma lista de verificação diária para refrescar sua memória e ajudá-lo a manter esse comprometimento com seu novo objetivo (veja a seção anterior "Passo 1: Entendendo o objetivo do TCC para TOC"):

- » Eu fiz meu exercício de EPR hoje?
- » Eu larguei todos os meus comportamentos de segurança?
- » Eu consegui não realizar nenhuma resposta neutralizadora?
- » Eu agi de uma maneira antiTOC?

Se a resposta para qualquer dessas perguntas for "não", você precisa pensar sobre o que atrapalhou a realização correta do exercício de EPR. Você pode achar útil a lista de regras simples para EPR de sucesso no Capítulo 7.

Quando você pode responder "sim" para todas as perguntas, pode ou repetir o exercício até que se torne não problemático ou passar para outro exercício EPR mais desafiador.

Continuando Motivado

Realisticamente, tornar-se superproficiente em algo é trabalho duro, e é ainda mais duro quando você se coloca em uma quantidade considerável de desconforto (que pode muitas vezes parecer mais como dor excruciante e angústia). Mas você não está sozinho. Pessoas em todo o mundo se colocam em dificuldades para alcançar seus objetivos, sejam elas nadadoras olímpicas levantando às 4h da manhã para treinar por três horas antes da aula ou um pastor nômade movendo ovelhas de um lado a outro do país. Manter-se com o plano e suportar os tempos difíceis é o que leva as pessoas a seus objetivos.

DICA

Para ajudar a se manter motivado, pense em pessoas que o inspiram porque trabalham duro para alcançar seus objetivos — talvez um esportista, um membro da família ou um personagem histórico. Quando sentir que está enfraquecendo, pode se perguntar o que eles teriam feito nesse ponto e o que aconteceria a suas realizações se tivessem parado quando as coisas ficaram difíceis.

Sendo paciente (Roma não foi construída em um dia)

Na maioria dos casos, fazer as mudanças que você quer leva tempo e exige repetição. Todos têm um ritmo diferente de melhoramento, mas ainda é um caso de ir um passo de cada vez. Se esses passos são relativamente pequenos ou maiores, continuar a colocar um pé na frente do outro é o que o levará ao seu objetivo. Quando você olha onde está, comparado com onde quer estar, pode achar esmagador — muito como estar na base de uma montanha, olhando

DICA

para o pico e pensando que nunca o alcançará. Se seu objetivo é escalar até o topo da montanha, só há uma solução, certo? Continue, e eventualmente chegará lá.

Se você quer uma história inspiradora sobre alguém que deu passos curtos para alcançar o que poderia facilmente ter sido uma tarefa impossível, leia ou assista *Touching the Void*. É a história real de um alpinista que sofreu um acidente perto do topo de uma montanha e, apesar de tudo, fez uma jornada extenuante de três dias de volta para o campo base, apesar da perna quebrada, temperaturas congelantes e nada de comida ou água.

Reconhecendo seu progresso

Quando você ainda está na estrada para alcançar seu objetivo, pode facilmente sentir que nada está mudando e que nunca chegará lá. Alcançar um marco é uma coisa, reconhecer o quão longe foi ao chegar nele é outra. Lembre-se de que escolher agir de maneira diferente em resposta a esses pensamentos, imagens, sentimentos e desejos que fazem parte do seu TOC já é um grande passo. Se você já percorreu um longo caminho ou fez pouco trabalho em direção a alcançar seu objetivo, você precisa ser capaz de fazer um balanço e se dar crédito pelo que fez. Reserve um momento toda semana para revisar e ver o que mudou desde que começou esse processo.

LEMBRE-SE

A atitude que você tem consigo mesmo sobre seu progresso (ou falta dele) faz a diferença para sua motivação.

DICA

Se você não usa as coisas que diz para si mesmo para motivar os outros, não tente usá-las para se motivar! Pense sobre o que diria para alguém se quisesse ajudá-lo a reconhecer seu progresso em uma jornada longa e difícil. O que seria mais motivacional: dizer a ele que está indo muito devagar e fazendo um trabalho lixo ou encorajá-lo a focar no progresso que já fez, não importa quão pequeno? Você não responde a críticas e desencorajamento de maneira diferente de ninguém!

Recompensando a si mesmo

A estrada para se recuperar do TOC pode muitas vezes ser longa e pedregosa, então é importante recompensar-se por suas realizações e seu esforço regularmente. Recompensas são uma maneira não só de marcar suas realizações e sentir-se bem com elas, mas também de se incentivar a atacar algo que prefere evitar. Por isso, sugerimos que você pense sobre como se recompensará com antecedência. Por exemplo, você poderia dizer a si mesmo que depois que alcançar um marco, dará a si mesmo algo que quer há tempos.

Faça uma lista de meia dúzia de coisas que considera recompensas. (Certifique-se de que são realistas. Por exemplo, não coloque "comprar uma motocicleta" como recompensa se não poderá pagar por uma.) Elas não precisam ser coisas grandes. Uma recompensa pode ser deitar em uma banheira e ter uma hora para si. Elas só precisam ser realizáveis e agradáveis.

Nós sugerimos que você se recompense de duas maneiras:

> » **Semanalmente (porque você merece, mesmo que o progresso seja lento).** Quando você estiver planejando sua EPR no começo da semana (como discutimos anteriormente no capítulo), escolha como e quando se recompensará naquela semana.
>
> » **Quando alcançar um de seus marcos.**

Nós criamos uma tabela simples para que você escreva seus marcos e as recompensas que pretende dar a você mesmo. Note que há uma coluna para quando você quer alcançar os marcos e uma para quando você realmente os alcançar. No entanto, a recompensa não precisa mudar se você alcançá-la antes, na hora ou muito mais tarde! A ideia de estabelecer uma data é dar-se algo para almejar, mas você não tem permissão de brigar consigo mesmo ou cancelar a recompensa se não alcançá-lo a tempo.

TABELA 8-2 Cartão de Recompensas

Marco	Data em que espero alcançá-lo	Recompensa	Data alcançada	Recompensa resgatada?
Ser capaz de escrever e enviar meus cartões de Natal sem verificar	21 de novembro	Jogar golf no campo novo	14 de dezembro	Sim, fui com o Tom

DICA

Se você quer se recompensar com algo grande, então considere o "pote de recompensa". Em vez de se dar uma recompensa pequena, coloque bolinhas de gude em um pote. Quando tiver bolinhas suficientes, faça ou compre a recompensa para si.

4
Sai Pra Lá, TOC — Colocando-se no Comando

NESTA PARTE . . .

Foque nos valores e atividades que deixou de lado por causa do seu TOC.

Visualize um futuro livre do controle do TOC.

> **NESTE CAPÍTULO**
>
> **Reconectando-se com seus valores**
>
> **Colocando seu eu real, não o TOC, no controle da sua vida**

Capítulo 9
Reivindicando Sua Vida do TOC

Como diz o ditado, "quem não chora não mama". E com emoções como medo e culpa, mais desejos fortes de realizar compulsões, o TOC pode chorar bem alto!

Você pode, como muitas pessoas, ter tido TOC por muitos anos antes de buscar ajuda. Mesmo que tenha tido TOC por seis meses, seu cérebro começará a realizar mais compulsões e fuga por hábito. À medida que isso acontece, você pode começar a sentir que seu TOC é parte de *você*. Além disso, como ele é como um parasita grudando ao seu código moral e desejo de estar seguro ou evitar causar danos, ver onde o você de verdade para e o TOC começa pode ser difícil.

Infelizmente, algumas pessoas perdem seus verdadeiros valores, esperanças e sonhos — o que realmente são — e começam a achar que seu TOC quase define o que são. TOC é uma doença (um transtorno clinicamente reconhecido por profissionais da saúde de todo o mundo) e não pode dominar a sua vida.

Com base em um modelo de TCC chamado ACT (sigla inglesa para Terapia de Aceitação e Compromisso) e o trabalho de Steve Hayes e Kelly Wilson, este capítulo trata de fazê-lo se reconectar com o seu eu verdadeiro. Colocar-se no comando, e não o seu TOC, realmente o ajuda a se libertar.

Valorizando Valores

Valores são pessoais; apenas você pode definir o que é importante para você e o que você quer que sua vida seja. Não cabe a nós lhe dizer o que é importante, embora a maioria das pessoas normalmente compartilhe um número limitado de valores. Valores não são um conceito de tudo ou nada, realizar ou não. Eles são sobre fazer um compromisso a pequenas ações que são consistentes com aquilo que você se importa.

LEMBRE-SE

Valores não são objetivos com resultados ou coisas que você pode riscar de uma lista. "Certificar-se de que passamos pelo menos uma noite juntos por semana" pode ser um objetivo na busca de ser um parceiro comprometido e compassivo. "Treinar em TCC" é um objetivo na busca de ser um bom terapeuta. Seus valores são as placas apontando para importantes direções na vida. Seu objetivo está nesses caminhos.

Não importa se seus valores são ser um bom pai ou um parceiro amoroso, ajudar animais, cuidar do meio ambiente, ajudar outros que precisam de cuidados ou descobrir conhecimento. Algumas pessoas enfatizam um em vez de outro. O importante é que você aja de maneiras que sejam consistentes com o que você se importa.

Então como você clareia quais são os seus valores? As seções seguintes fornecem alguns métodos para destilar o que é realmente importante para você.

Visualizando o fim da linha

Uma boa (embora macabra) maneira de examinar seus valores é imaginar-se olhando para o seu passado a partir do seu leito de morte. Como você acha que precisará ter vivido para sentir que viveu bem? Quão bem sua fuga atual, busca por reafirmação, ruminação, compulsões, e assim por diante, se encaixam com viver dessa maneira?

De maneira similar, pense no que veria e ouviria como uma mosca na parede no seu próprio funeral. O que as pessoas poderiam dizer de você? O que você gostaria que dissessem? Ou seja, você quer ser lembrado como que tipo de pessoa? É improvável que você queira ser lembrado pelas coisas que seu TOC o fez fazer ou se preocupar. Pessoas não tendem a celebrar a maneira que você lavava suas mãos, verificava, monitorava as reações corporais ou tentava evitar desastres mudando seus pensamentos.

Fazendo perguntas a si mesmo sobre o que é importante

Às vezes pode ser difícil ver seu jeito fora do TOC pela floresta da intolerância da incerteza, medo, responsabilidade excessiva, e assim por diante. Clarear e comprometer-se a seguir a direção dos seus valores pode ser sua bússola nessa jornada. Use as seguintes questões para ajudá-lo a clarear seus valores e lembrar-se do que você realmente é:

> » **O que é importante para você em um relacionamento romântico ou íntimo?** Que tipo de parceiro você quer ser para seu cônjuge ou companheiro? Como seu TOC interfere na maneira que você se relaciona com seu parceiro? Seu relacionamento ficou caracterizado por conversas sobre suas preocupações, reafirmação ou implementação de regras para tentar evitar disparar seu TOC? Se você não está envolvido em um relacionamento atualmente, como você acha que agiria em um?
>
> » **O que é importante para você em relacionamentos familiares?** Como com relacionamentos românticos, o TOC pode muitas vezes influenciar e danificar relacionamentos familiares. Como você quer agir como irmão, filho ou pai/sogro? Se você não tem contato com alguns membros da sua família, quer ter? Como agiria em tal relacionamento? Como pode começar a colocar isso em prática?

» **Que tipo de amigo realmente quer ser?** O que é importante para você na maneira que age nas amizades que tem? Como quer que seus amigos lembrem de você? Se não tem amigos, gostaria de ter alguns? Que papel gostaria em uma amizade? Como pode começar a colocar isso em prática?

» **O que é importante para você em relação ao trabalho?** Que tipo de empregado ou empregador você quer ser? Quão importante é para você o que você realiza na sua carreira? Se você é autônomo ou tem um negócio, que tipo de negócio você quer ter? Se atualmente não pode trabalhar, que tipo de valores você tem em relação a trabalho?

» **O que é importante para você em relação a aprendizado, educação e treinamento?** Aprendizado e educação podem ser uma rota para notas melhores, um trabalho melhor, desenvolvimento de habilidades ou simplesmente o prazer e a satisfação de aprender. Que tipo de aprendiz ou aluno você quer ser? Que tipo de atitudes e práticas você quer incorporar? Como você pode começar a colocar isso em prática?

» **O que é importante para você em relação a hobbies e interesses?** Hobbies e interesses são bons para a sua saúde, para proteger-se contra o estresse e a depressão e, claro, adicionar variedade crucial à sua semana. Quais são suas atividades recreacionais? Se você não tem, quais são alguns interesses que quer buscar? Como seu TOC interfere nessa área? Você sente que não tem tempo para hobbies porque seu dia é focado em catástrofes temidas ou dilemas morais? Como você pode começar a colocar isso em prática?

» **O que é importante para você em relação à espiritualidade ou religião?** Se você é espiritualizado ou religioso, como quer seguir esse caminho? Estudos mostram que praticar uma religião é bom para sua saúde mental. O seu TOC interfere seriamente na sua habilidade de se envolver com uma religião e, se sim, ele causa angústia significativa? Como você pode reivindicar suas práticas religiosas ou espirituais?

» **Como você quer contribuir com a sociedade ou sua comunidade?** O que é importante para você na maneira como constrói o tipo de mundo em que quer viver? Você está interessado em trabalho voluntário ou caridade ou atividade política? Pode ser particularmente importante para alguns indivíduos com TOC encontrar uma saída saudável para seu senso de responsabilidade com os outros. O TOC tende a focar você em proteger pessoas de maneiras bem restritas e normalmente improdutivas. Quais são seus verdadeiros valores e desejos como um membro da sociedade e como você pode expressá-los de maneiras mais recompensadoras e construtivas?

» **O que é importante para você em relação à sua saúde e bem-estar?** Como o TOC tende a inflar a importância de certas experiências internas (como pensamentos, imagens, e assim por diante) ou limitar seu foco a ameaças temidas específicas, você pode facilmente acabar negligenciando sua saúde. O que é importante para você em relação à sua saúde mental ao lado da sua saúde física? Você se exercita regularmente, come bem e tem uma quantidade adequada de sono? Se não, o que você pode fazer para melhorar nessas áreas?

Torne-se Mais Você, Menos TOC

Se você estivesse começando sua vida do zero como um designer ou gerente de projetos, quanto tempo você planejaria incorporar para o TOC? Nosso palpite é nenhum. Clarear seus valores e o que você realmente é como pessoa não é a resposta em si. Entretanto, dada a força, a energia, o esforço e a persistência que às vezes você tem que recrutar para superar seu TOC, esperamos que este exercício ajude a estimulá-lo a resistir ser levado pelo seu TOC.

Junto das técnicas esboçadas neste livro, você pode pensar em sua recuperação como a exclusão da influência do seu TOC e livrar-se de suas garras. Lembre-se de que há apenas 52 semanas no ano, 7 dias em cada semana e 24 horas em cada dia. Considere qual porção do seu tempo você quer reservar para seus valores e as atividades que os seguem. Coloque pressão no seu TOC privando-o de tempo e energia enquanto coloca esses recursos em áreas que realmente contam. Então vá para o abate com sua TCC antiTOC.

> **NESTE CAPÍTULO**
>
> Reivindicando sua vida
>
> Despertando traços de personalidade que suprimiu
>
> Envolvendo-se em hobbies e interesses
>
> Pensando sobre ajuda farmacêutica e psiquiátrica

Capítulo 10

Construindo um Futuro Melhor

Como discutimos ao longo deste livro, a base para se recuperar do TOC é entender e aceitar completamente que seus pensamentos, imagens, dúvidas e desejos são inteiramente normais. Para ajudar seu cérebro a atualizar e operar como se isso fosse verdade, você precisa mostrar um claro comprometimento em treinar seu cérebro a entender a normalidade desses eventos mentais.

Neste capítulo consideramos também alguma ajuda adicional existente que pode ajudá-lo em sua jornada para criar um futuro melhor.

Refocando a Recuperação

Uma recuperação total não depende de maneira alguma de que os eventos mentais não estejam mais na sua mente. Ela depende de reivindicar sua mente, corpo, coração e alma das garras do TOC. Este capítulo trata sobre reconstruir sua vida enquanto se liberta do TOC. Esperamos que essa reconstrução flua e seja parte dos resultados para enfrentar o seu TOC.

É realmente importante não ver a construção do seu futuro livre do TOC como uma preocupação secundária. É o objetivo. É também uma parte integral de como você mantém sua liberdade da tirania do TOC. Pense na sua vida como pensaria em um jardim. Os vários mecanismos que mantêm seu TOC são como ervas daninhas. Você tem retirado elas ativamente, deixando algum solo exposto. Seu próximo passo será plantar e cuidar de seus arbustos e flores desejados (partes saudáveis de você e da sua vida).

Examinando Partes Negligenciadas da Sua Personalidade

Considere as partes da sua personalidade que possam ter se tornado superdesenvolvidas ao longo dos anos e qualquer parte que você tenha negligenciado. Exemplos de personalidades que tendem a se desenvolver mais em pessoas com TOC são o perfeccionismo e a responsabilidade. Dê uma olhada em alguns traços de personalidade que você já pode ter mas tendeu a negligenciar.

Criatividade	Ingenuidade	Curiosidade
Mente aberta	Bom julgamento	Espiritualidade
Amor pelo aprendizado	Perspectiva	Sabedoria
Coragem	Perseverança	Diligência
Aplicação	Honestidade	Autenticidade
Entusiasmo	Amor	Conectividade
Bondade	Generosidade	Habilidades sociais
Inteligência social	Trabalho de equipe	Integridade
Perdão	Humildade	Prudência

Discrição   Autocontrole   Amor por beleza
Amor por excelência Gratidão   Humor
Esperança   Otimismo   Graça

Pegando Gosto por Hobbies e Interesses

Ter TOC pode refletir parcialmente que você tem um cérebro ativo que precisa de muito estímulo. A verdade é que a maioria das pessoas é feliz se buscar absorver hobbies, interesses ou educação. Pesquisas mostram que pessoas que se envolvem em hobbies e interesses são significativamente menos propensas a recair no TOC. Isso é importante, porque se há uma coisa que é quase tão importante quanto melhorar é *continuar* melhor.

EXPERIMENTE

Pegue um papel em branco e uma caneta e faça um *brainstorm* de atividades de lazer, hobbies, aprendizado, autodesenvolvimento ou atividades espirituais das quais você gostava. Inclua as de quando você era criança. Agora adicione qualquer atividade que sempre quis tentar. Passo a passo, pense em atividades que você poderia realizar dentro de casa, e então fora; aquelas que poderia fazer sozinho, e então as que precisariam de uma ou mais outras pessoas. Se forem atividades que você acha que seu TOC dificultaria, melhor. Agora escolha três ou quatro para tentar no próximo mês e pelo menos uma para fazer esta semana.

LEMBRE-SE

Não há resposta errada para o que você escolhe fazer com o seu tempo. O truque é encontrar atividades que combinem com você. Ninguém pode lhe dizer o que você gosta de fazer. Se você não tem certeza, tente várias e veja.

Dominando a Medicação

Muitas pessoas com TOC ouviram (incorretamente) que a medicação é o único tratamento real para o TOC. Não digo que a medicação não pode ser muito útil para algumas pessoas. Tomar medicação não está em desacordo com a TCC. Algumas pessoas ligam a medicação a tomar insulina se você é diabético, porque isso corrige um déficit no corpo. Cientistas debatem se o TOC tem uma causa neurológica ou bioquímica, se as mudanças no cérebro são de fato causadas por ter TOC ou se a medicação para o TOC simplesmente ajuda, mas dizem pouco sobre a causa oculta do problema (como tomar um analgésico para dor de cabeça).

No fim do dia, o que conta é a sua recuperação. Tomar medicamento é uma decisão que você, claro, precisa tomar com seu clínico geral ou psiquiatra. Nossa contribuição é para ajudar a desbancar algumas ideias menos úteis que circulam por aí sobre tomar medicação, como mostrado na Tabela 10-1.

TABELA 10-1 Mitos versus Fatos sobre Medicação e TOC

Mito	Fato
Tomar medicação significa que sou fraco e deveria ser capaz de fazer isso sozinho.	TOC é um problema sério e pode ser difícil de superar. Não há razões para sentir-se mais envergonhado de tomar medicação para TOC do que você ficaria para um problema físico. TOC é uma doença, não um teste de caráter.
TOC é ou um problema químico ou psicológico. Se tratamento psicológico estiver disponível, a medicação não deve ser necessária.	Veja a armadilha de pensamento tudo ou nada aqui. Seu pensamento e comportamento são produtos do seu cérebro, e ele é afetado pela maneira como você pensa e age.
Medicação pode ter efeitos colaterais danosos e tomá-la é irresponsável.	Ter TOC tem efeitos imensos na sua vida. Há evidências que levam à negligência da saúde física em alguns indivíduos. Em resposta ao estresse e tensão do TOC, seu corpo produz suas próprias respostas químicas. Ter TOC não é um estado natural ou saudável.
Se começar a tomar medicação, ficarei viciado e acabarei tendo que tomá-la pelo resto da vida.	Há uma pequena proporção de pessoas que parecem ir ficando melhor com a medicação em longo prazo (que normalmente têm uma qualidade de vida significativamente melhor como resultado). Entretanto, muitas outras acham que depois que melhoraram podem reduzir gradualmente a dose, em colaboração com o médico ou psiquiatra, depois de um ou dois anos.

Mito	Fato
Tomar medicação agora significa que falhei. É como admitir a derrota.	Este ponto de vista deriva amplamente da maneira bem antiquada pela qual a sociedade vê problemas de saúde mental. De alguma maneira, a saúde mental é vista como dentro do controle humano, e a saúde física, fora do controle humano. Ambas as suposições são amplamente erradas. Ter TOC não é sua culpa. Você não pode simplesmente sair dele. Você não deve se sentir pior por tomar medicação para ajudá-lo a lutar contra o TOC do que o faria usando um anti-inflamatório se estivesse fazendo fisioterapia para um problema nas costas. Se você achou difícil derrotar o TOC sem medicação e está sendo encorajado a tentar antidepressivos, pense em aceitá-los como modo de adicionar outra arma ao seu arsenal. Afinal, ainda é você quem luta a batalha.
Eu já tentei medicação antes, e não funciona para mim.	As pessoas muitas vezes precisam tentar mais de um antidepressivo. Ter a dose correta para TOC também é importante (é em geral consideravelmente mais alto do que para depressão).

Considerando Ajuda Profissional

A coisa mais importante a se lembrar é que a ajuda psicológica para TOC precisa ser feita especificamente sob medida para o problema. Algumas pessoas ficam um pouco bitoladas em buscar um terapeuta especializado em seu tipo particular de TOC. Esse foco pode ser problemático, pois restringe muito a gama de possíveis fontes para ajudar, e pode significar que você está colocando muita ênfase no conteúdo de suas obsessões, em vez de no processo (como fugas e compulsões) que as mantêm. Confira se o terapeuta é adequadamente qualificado e tem experiência em tratar TOC.

Colabore com seu terapeuta. Este não é um exercício de mudar o peso da responsabilidade ou ver se vale a pena cuidar de você. Aqui estão os tipos de coisa que você e seu terapeuta podem trabalhar juntos:

» Veja usar TCC para TOC como um experimento. Coloque em teste suas próprias dúvidas (e possivelmente a de outras pessoas) e reservas sobre recuperação. Faça um novo começo.

» Conheça seu inimigo. Obtenha um bom conhecimento geral das atitudes e mecanismos de manutenção do TOC e como eles mantêm o problema. Escreva essa informação em uma lista, uma imagem, um diagrama — qualquer formato que lhe ajude a manter essa informação clara.

» Identifique as principais estratégias antiTOC que testará.

» Comece a manter o controle da sua fuga, frequência de compulsões mentais e físicas, e assim por diante.

» Considere envolver indivíduos-chave que podem estar participando de seu TOC (como dando reafirmações) e trabalhe com eles para guiá-los para enfrentar o seu TOC.

» Comprometa-se com a reabilitação antiTOC. Pratique deliberadamente confrontar os gatilhos com novas respostas mentais e físicas.

» Reivindique sua vida.

» Cuide-se bem enquanto luta e supera seu TOC.

» Construa sua vida livre e trabalhe na prevenção de recaídas.

A Parte dos Dez

NESTA PARTE . . .

Ajude seu amado a lutar contra o TOC.

Desenvolva certos traços e estratégias para ajudar a superar o TOC e mantê-lo afastado.

Mantenha um olho aberto para obstáculos comuns.

> **NESTE CAPÍTULO**
>
> Apoiando seu amado, não seu TOC
>
> Ajudando-se a resistir à tempestade

Capítulo 11

Dez Dicas para a Família e Amigos de uma Pessoa com TOC

Quando alguém próximo a você sofre de TOC, você provavelmente sente o impacto disso. Este capítulo trata das maneiras de lidar construtivamente com esse impacto. Ver alguém que você gosta lutando é difícil, e você provavelmente vai querer ajudar seu amado a sentir-se melhor. Infelizmente, amigos e familiares bem intencionados normalmente, de modo involuntário, ajudam a manter o problema, em vez de diminuí-lo. Você pode estar envolvido em alguns dos comportamentos dos quais falamos neste capítulo. Se esse for o caso, não brigue consigo mesmo! Você não sabia e estava apenas fazendo o seu melhor para ajudar. Nós guiamos você pelas armadilhas comuns e discutimos as alternativas para que fique mais bem equipado para seu amado e para si mesmo.

Lembrando que Seu Amado Não É o TOC Dele

O TOC pode ser uma besta implacável, irritante, teimosa e astuta, então sua habilidade de fazer uma distinção entre o TOC do seu amado e ele mesmo é muito importante. Ao tratar o TOC, nós encorajamos os indivíduos a verem seu TOC como um valentão que está tentando controlá-los. Essa abordagem ajuda pessoas a se distanciarem e ver o TOC como algo fora delas mesmas, o que pode ajudá-las a escolher não se entregar às demandas do valentão. Pela mesma razão, você também precisa ser capaz de distinguir entre eles.

Você pode ter se visto imaginando o que aconteceu com a pessoa razoável que você conheceu. Essa pessoa ainda está lá, mas está ofuscada pelo valentão do TOC. Quando seu amado age de maneiras não condizentes com o caráter e parecem totalmente irracionais, então você provavelmente está vendo as demandas do valentão do TOC, em vez daquelas de quem você ama. Por mais difícil que possa parecer, lembrar-se que seu amado não está sendo deliberadamente difícil pode ajudá-lo a permanecer mais calmo e mais compassivo com ele (mas não com seu TOC). Seu amado precisa do seu apoio mais do que nunca, mas você precisa descobrir como apoiar a pessoa, e não o TOC.

DICA

Demonize o TOC, e não o seu amado.

Percebendo que Você Não Pode Forçar Alguém a Mudar

Ver claramente qual é o problema de alguém e solucioná-lo é só parte da batalha. A outra pessoa precisa estar disposta a admitir que há um problema e buscar ajuda.

A disposição do sofredor de TOC em se comprometer a mudar e se envolver no processo terapêutico é um grande fator para que se obtenha o resultado positivo da terapia. Em outras palavras, forçar alguém que é resistente a tentar mudar ou ir à terapia pode ser uma perda de tempo e esforço (e, muitas vezes, dinheiro). Então, por mais contraintuitivo que isso possa parecer, você pode precisar continuar a fornecer encorajamento gentil e sugestões em relação a buscar ajuda, em vez de dar um ultimato. Você pode até descobrir que quanto mais tentar, mais resistência encontrará.

LEMBRE-SE

Essa resistência não significa, no entanto, que você não pode fazer nada para ajudar. Além de dar apoio à pessoa, você pode parar de apoiar o TOC sem querer, como descrevemos neste capítulo. Quanto mais você for capaz de resistir acomodar-se ao TOC, mais difícil será para as raízes do TOC se fortalecerem. Ao recusar se entregar às demandas do TOC, você pode muito bem, em curto prazo, dificultar a vida da pessoa com TOC. Isso pode parecer cruel, mas quando você para de facilitar as coisas, a pessoa é mais propensa a considerar mudar ou buscar ajuda. Por fim, ajudar a pessoa a se recuperar é a única verdadeira coisa boa a se fazer.

Evitando Dar Reafirmações

Como você provavelmente sabe, o TOC é um transtorno normalmente caracterizado por angústia e dúvida. Uma parte importante do processo de recuperação é aprender a lidar com essa dúvida de maneira diferente — isto é, sentir a dúvida e desistir de tentar obter certeza. Buscar reafirmação é uma compulsão, da qual o sofredor de TOC aprende a desistir para superar o problema. Você pode ajudar seu amado a parar de pedir por reafirmação descobrindo como parar de dar isso a ele.

Se um sofredor de TOC já lhe pediu reafirmação (por exemplo, "Você tem certeza de que eu não disse nada ofensivo?" ou "Você acha isso seguro?"), você provavelmente descobriu que dar reafirmação não faz a dúvida sumir por muito tempo. Pode desaparecer por alguns momentos ou até horas, mas inevitavelmente ela retorna. O TOC exige 100% de certeza (99,99% não serve), e como ser 100% certo é impossível, a reafirmação nunca funciona em longo prazo.

LEMBRE-SE

Como mencionamos ao longo do livro, o TOC é muito sorrateiro, então você precisaria conhecer bem as maneiras pelas quais seu amado busca reafirmação:

> » **Diretamente:** Perguntar se algo aconteceu ou se algo é seguro, pedir que você verifique alguma coisa, ligar para perguntar se você está bem
>
> » **Indiretamente:** Relacionar algo a você para ganhar reafirmação da sua reação, ligar para falar sobre algo banal, mas usando a ligação para ver se você está bem, perguntar sobre comportamento "normal"

Quando você nota que está dizendo algo como "Tudo bem", "Pare de se preocupar", "Ficará tudo bem" e "Sim, tenho certeza!", você sabe que está dando reafirmação. Você pode pegar dois caminhos úteis para substituir a reafirmação:

> » Tenha uma conversa com a pessoa que tem o TOC para explicar que você está ciente que dar reafirmação é inútil e que não o fará mais. Então, quando a pessoa pedir por reafirmação, você pode simplesmente dizer que ela está fazendo isso e que você não se envolverá. Por exemplo, "É só o seu TOC tentando controlá-lo; não responda e isso passará".
>
> » Treine-se para dar respostas que deixam bastante espaço para dúvida, como "Eu não sei", "Não tenho certeza", "Você terá que esperar para ver", "Talvez", e assim por diante.

LEMBRE-SE

Quando falamos sobre reafirmação aqui, estamos falando muito especificamente sobre tentar se livrar das dúvidas obsessivas da pessoa com TOC. Não estamos sugerindo que você retire o apoio emocional. Então tudo bem (dentro da razão) reafirmar a seu amado que você está lá para ele e que o ajudará a superar isso.

Deixando a Pessoa com TOC Ditar o Ritmo

Familiarizar-se bem com como o TOC funciona (como está fazendo agora) é uma ótima ideia para que esteja mais bem posicionado para fornecer ajuda e apoio. No entanto, lembre-se de permitir a seu amado levar a jornada no próprio ritmo. Tentar empurrar a pessoa pode ser tentador, mas empurrar demais antes que ela esteja pronta pode ser contraprodutivo e piorar, em vez de aliviar o TOC.

LEMBRE-SE

Não importa o quanto tenha se familiarizado com o TOC, não tente agir como um terapeuta se não for um especificamente treinado.

Dito isso, pode ser útil dar encorajamento e fazer sugestões com base em um entendimento compartilhado do problema. (Mas fique preparado para parar se suas recomendações não forem bem recebidas.) Se você acredita que o indivíduo com TOC poderia fazer mais e está se entregando ao TOC, você pode querer ajudá-lo a pensar sobre isso fazendo as seguintes perguntas a ele:

- » Você pode pensar em um comportamento antiTOC útil?
- » Você está sendo guiado por si ou pelo seu TOC?
- » Esse comportamento funcionou para você no passado?
- » Há algo que você possa fazer para trabalhar em direção ao seu objetivo?
- » Há algo construtivo que eu possa fazer para ajudá-lo a se libertar das garras do valentão do TOC (ajudá-lo a se envolver com outra coisa, como ouvir música, fazer uma caminhada juntos, e assim por diante)?

Recusando-se a Participar de Rituais

Rituais, como buscar reafirmação, são comportamentos compulsivos que compõem o problema do TOC, mas não ajudam a melhorá-lo. Muitos amigos e familiares de sofredores de TOC acabam envolvendo-se em rituais por várias razões:

- » Parece ser a coisa certa a ser feita.
- » Os rituais ajudam a aliviar a ansiedade em curto prazo.

> » Concordar em envolver-se em rituais é normalmente mais rápido ou o caminho de menos resistência.
>
> » A pessoa com TOC implora que a ajudem ou tem um argumento convincente sobre por que deveriam fazê-lo.

DICA

A maneira mais simples de pensar nos efeitos dos rituais é compará-los a coçar uma picada de inseto. Alivia o desconforto em curto prazo, mas piora a picada em longo prazo, porque quanto mais ela é coçada, mais precisa ser coçada.

Para alguém com TOC, o desejo de escapar de sentimentos desconfortáveis é muito forte, e é por isso que as pessoas se envolvem em rituais para fornecer alívio imediato, mesmo que não ajudem em longo prazo. Aprender a aguentar o desconforto em curto prazo é vital para superar o TOC. Portanto, as pessoas em torno de alguém com TOC precisam demonstrar o princípio "dor em curto prazo, ganho em longo prazo", mesmo quando a pessoa na sua frente está batendo os pés, chorando, suplicando e ansiosa. Sempre que escolher participar de qualquer tipo de ritual, você estará conspirando com o TOC e sugerindo que o alívio de curto prazo supera o benefício de longo prazo. Essa mudança pode ser doída para você em curto prazo. Ver alguém angustiado é desagradável.

Então o que fazer? Se você já está se envolvendo em certos rituais com seu amado, não estamos sugerindo que pare de repente. Uma ideia melhor é discutir esses rituais com seu amado e concordar em um plano para parar de se envolver neles lentamente. Essa mudança pode levar a outra pessoa a mudar para outros rituais dos quais pede para que você participe. Simplesmente recuse (ignorando as batidas de pé, as súplicas e outros o máximo possível) e explique que ao participar dos rituais você está ajudando a piorar o problema em longo prazo.

Quando você não participa mais dos rituais, a vida não fica melhor só para você, mas a bola também está inteiramente na quadra da pessoa com TOC. Quanto mais rituais ela mesma precisa realizar, mais difícil fica. Quanto mais difícil fica, mais propensa a pessoa se torna a querer atacar o TOC construtivamente.

LEMBRE-SE

Você precisa ser forte para se retirar ou recusar se envolver em rituais. No entanto, se você não demonstrar o princípio "dor em curto prazo, ganho em longo prazo", não poderá esperar que alguém com TOC o faça!

Reconhecendo o Progresso, Não Importa o Tamanho

Superar o TOC não é nada fácil e certamente não é algo que aconteça do dia para a noite. Essa espera pode ser dura quando você está torcendo por alguém que você quer desesperadamente que melhore. Uma das partes difíceis de apoiar alguém tentando superar o TOC é que melhorias são muitas vezes invisíveis aos não sofredores. Particularmente no início do tratamento, a melhoria é medida por perceber a intensidade, frequência e duração das obsessões e dos sentimentos acompanhantes. Então alguém com TOC pode notar mais rápido um desejo menos frequente de responder a pensamentos invasivos e a habilidade de refrear a resposta inútil um pouco — coisas que o espectador não pode ver. Em vez disso, o espectador só vê a pessoa ainda reagindo aos pensamentos invasivos e tira conclusões de que nada está acontecendo.

LEMBRE-SE

Nós encorajamos pessoas com TOC a serem pacientes em progredir e recomendamos fortemente que você siga o exemplo. Pressionar por mudança rápida tende a desmotivar, enquanto apoiar e recompensar mesmo pequenas mudanças pode dar ao indivíduo com TOC o encorajamento para continuar.

Entender que o progresso pode ser lento e que às vezes a mudança não é visível para você pode ajudá-lo a não ficar muito frustrado com o processo. Certifique-se de que também está fazendo a sua parte em não apoiar involuntariamente o TOC, porque ser menos envolvido com o TOC significa que você pode continuar solidário mais facilmente em vez de sentir-se frustrado ou ressentido. (Veja "Evitando Dar Reafirmações" e "Recusando-se a Participar de Rituais" anteriormente neste capítulo para informações sobre se libertar do TOC de outra pessoa.)

Envolvendo-se em Buscas Mais Interessantes

A vida precisa ser mais do que o TOC, tanto para você quanto para seu amado. O TOC ama um vácuo, então ele piora quanto mais vocês estão ambos tentando lidar com o TOC ou esperando que ele apareça em vez de sair e tentar fazer coisas divertidas e interessantes.

Pense sobre o que você parou de fazer desde que começou a se ocupar com o TOC do seu amado e as consequências disso. Você precisa se envolver em coisas que o fazem feliz e lhe dão satisfação agora mais do que nunca. Ter tempo para si não significa que não se importa. Pelo contrário, sentir-se contente o deixa mais capaz de dar apoio e assistir. Quando você vive a sua vida, está sendo um bom exemplo para seu amado com TOC.

Contendo-se em Ser Acomodado

Mesmo relacionamentos fortes e saudáveis vêm com um elemento de compromisso e precisam acomodar certos comportamentos um do outro. Quando você tem um relacionamento com um sofredor de TOC, o compromisso muitas vezes acaba sendo de uma só via, e você pode se ver acomodando todos os tipos de coisas com as quais nunca nem sonhou.

Formas comuns de acomodação incluem as seguintes:

- » Evitar fazer coisas que podem disparar o TOC
- » Modificar rotinas de trabalho, social ou familiares
- » Ajudar com tarefas cotidianas simples
- » Assumir as responsabilidades do outro
- » Tolerar comportamentos anormais ou extremos
- » Aguentar condições desagradáveis

- » Participar de rituais
- » Dar reafirmação repetidamente

LEMBRE-SE

Entenda que, ao fazer essas coisas, você está acomodando o TOC, em vez do seu amado. Essas exigências e condições vêm diretamente do valentão do TOC.

Embora acomodar as exigências do TOC possa ser tentador e frequentemente a solução mais fácil em curto prazo, isso não funciona em longo prazo, por muitas razões:

- » Dá ao TOC a atenção que ele não merece.
- » Encoraja o valentão do TOC a continuar fazendo mais exigências ultrajantes.
- » Dá à pessoa com TOC a mensagem de que responder ao TOC dessa maneira é certo ou necessário.
- » Apoia a crença de que o sofredor de TOC não consegue lidar ou precisa ser protegido.
- » Tolerar circunstâncias difíceis ou incomuns pode aumentar a frustração e ressentimento naqueles afetados.
- » Faz o problema piorar em longo prazo.

Então qual é o próximo passo se você virou sua vida de ponta-cabeça acomodando o TOC? Você precisa voltar gradualmente à sua rotina e modo de vida normal. Esse processo pode não ser fácil e pode encontrar a resistência da pessoa com TOC, então tente criar uma compreensão compartilhada sobre por que você está fazendo essas mudanças e concordem com um plano para parar de acomodar o TOC.

DICA

Às vezes você não consegue chegar a um acordo com o indivíduo que tem TOC, talvez porque ele não esteja pronto para mudar ou ainda esteja sob muita influência do valentão do TOC para ver os méritos. Nesse caso, você pode escolher esperar e revisitar a conversa mais tarde. No entanto, esteja avisado de que você pode nunca chegar a um acordo e que esperar pela luz verde não é um pré-requisito para parar de acomodar o valentão do TOC. Se sua vida se tornou uma luta porque você passou a acomodar o TOC do seu amado, você pode precisar fazer essas mudanças, independentemente de a outra pessoa gostar ou não.

Quando você decidir seguir um plano para parar de acomodar o TOC (com ou sem acordo), seja claro com seu amado e consigo mesmo a respeito de ser um caso de *quando* você parar de acomodar o TOC, e não *se*. Uma pessoa que sabe que você fala sério é mais propensa a levar isso a sério e concordar com a ideia.

LEMBRE-SE

Você precisa ser forte e consistente e se manter no plano. Se você recusar a acomodar um dia, mas se entregar no dia seguinte, o TOC continuará tentando fazê-lo se entregar, muito parecido com uma criança indisciplinada.

Reconhecendo o TOC Disfarçado como uma Preocupação Legítima

Como reiteramos ao longo deste capítulo, você ajuda mais eficientemente seu amado respondendo de maneira diferente ao valentão do TOC e não se entregando a suas demandas. Então a questão se torna a seguinte: como você diferencia entre o TOC e outras preocupações? A coisa mais simples é assumir que todas as preocupações e ansiedades são um resultado do TOC e tratá-las como tal. Em 90% do tempo, esse é o caso.

EXPERIMENTE

Se você quer clareza sobre se uma preocupação é relacionada ao TOC, simplesmente pergunte como a pessoa se sentiria se você não a ajudasse naquele momento. Se a resposta for que se sentiria ansiosa (ou qualquer outra emoção que normalmente vem com seu TOC), então é TOC. Se disser que não se sentiria ansiosa, sugira testar essa teoria para ver o que acontece. Ela pode recusar, o que sugere que a preocupação está, de fato, relacionada ao TOC; estava só tentando se disfarçar para fazê-lo fazer o que ele queria!

CUIDADO

Embora tenhamos encorajado você a ser cuidadoso ao achar que muitas das preocupações do seu amado sejam relacionadas ao TOC, isso não significa que tudo que você acha difícil ou irritante nele será necessariamente relacionado ao TOC. Às vezes a briga acontece simplesmente porque ele quer algo diferente de você. Lembre-se o quanto seria frustrante se todas as vezes que você fizesse algo de que alguém não gostasse, essa pessoa desse baixa e se recusasse a discutir. Se você tiver uma discussão aberta sobre os medos e preocupações que são alvo de mudança, pode ser capaz de notar melhor se algo é relacionado ao TOC.

Respondendo Quando Nada Parece Mudar

Quando você fez o seu melhor para entender o problema e tentou apoiar seu amado na tentativa de vencer o TOC, mas nada mudou, você pode compreensivelmente sentir-se com raiva, impaciente ou desmoralizado. Aqui estão algumas dicas para ajudá-lo:

- » **Resolução de prolemas.** Você parou de acomodar o TOC da melhor maneira possível?
- » **Não leve para o lado pessoal.** Lembre-se de que você pode fazer a sua parte, mas, no fim, a pessoa com o TOC é responsável por escolher melhorar.
- » **Não julgue.** Ninguém gosta de ter TOC; não é fácil superá-lo, então suponha que a pessoa está fazendo o melhor que pode nas circunstâncias atuais.
- » **Aceite que não pode forçar alguém a mudar.**
- » **Mantenha-se no seu papel mesmo se nada parecer mudar.** Se você continuar não acomodando o TOC, você ajuda em longo prazo.
- » **Reveja suas opções.** Se seu amado está na terapia, mas não está melhorando, você pode querer discutir as razões e ver se há outras opções disponíveis.
- » **Mude seu foco.** Se você não pode promover mudança no TOC do seu amado, deixe estar por enquanto e foque em criar satisfação para si mesmo.

> **NESTE CAPÍTULO**
>
> Abraçando os sentimentos que seu TOC quer que você evite
>
> Lembrando que diversão, risada e atividades são ótimas ferramentas
>
> Reconhecendo a importância de se cuidar

Capítulo 12

Dez Coisas das quais Você Precisa para Ajudá-lo a Combater Seu TOC

Dizer que viver com TOC não é muito divertido seria uma subestimação grosseira. TOC é qualquer coisa, menos divertido. Quando você está lutando contra o TOC, você gasta seu tempo e energia principalmente tentando evitar ou minimizar a angústia. Esse cronograma exigente não só mantém o problema, mas também lhe rouba a oportunidade de aproveitar a si mesmo. Tentar se manter o mais certo e livre de riscos possível nega suas possibilidades e minimiza sua habilidade de ser espontâneo, seguir seus sonhos e viver sua vida do jeito que quer.

Este capítulo trata de tentar obter mais coisas boas e úteis, em vez de focar em tentar se livrar das coisas ruins e inúteis. Nós o encorajamos a realizar um ataque duplo, pressionando o TOC de ambos os lados: comportando-se de uma maneira antiTOC para reduzir o poder do problema e envolvendo-se em atividades de melhoria de vida e comportamentos para dar menos espaço para o TOC respirar, melhorando seu humor e fortalecendo sua determinação.

Correr Riscos

O TOC torna as pessoas avessas a riscos, e a ideia de se envolver em correr mais riscos parece perversa de alguma forma. No entanto, quanto mais riscos você correr, mais você pode começar a viver fora do confinamento do seu TOC. Correr riscos pode parecer profundamente desconfortável (veja a seção posterior "Vontade de Experimentar Angústia e Desconforto"), mas fica mais fácil quanto mais você faz. Sem riscos, a vida diária é praticamente impossível. Os riscos estão por toda a parte: risco de você se atrasar para o trabalho, de alguém roubar suas roupas se você pendurá-las no varal, de você ser atingido por uma tempestade forte, de tropeçar e se machucar, de seu amado sofrer um acidente, e assim por diante. Há tantos riscos, que só eles poderiam encher este livro.

Viver é um grande risco. Qualquer coisa pode acontecer, e por mais que você queira controlar e minimizar o risco, tantas coisas estão fora do seu controle, que gastar todo esse tempo e energia para minimizar o risco é simplesmente fútil. Trabalhar para controlar o incontrolável é exaustivo. Então, em vez de tentar correr menos riscos (que você sabe que não está ajudando), jogue o gato entre os pombos e corra mais riscos. Eles não precisam ser somente sobre seu TOC. Pense sobre outras áreas da sua vida em que parou de correr riscos, seja no trabalho, na escola ou na sua vida pessoal.

EXPERIMENTE

Faça uma lista de áreas onde quer experimentar correr mais riscos e então escolha alguns riscos para correr. Você pode ficar agradavelmente surpreso com os resultados!

Tolerância da Incerteza

Quando você tem TOC, tende a almejar certeza, mas quanto mais você tenta consegui-la, menos certo você se sente em longo prazo. Um bom exemplo desse conceito são os participantes de programas de perguntas em que grandes prêmios estão em jogo. Muitas vezes, a pessoa claramente sabe a resposta, mas começa a ficar com o pé atrás ou duvidar de si mesma porque está tentando ter certeza absoluta de que dará a resposta certa (para não perder o prêmio). Você pode apostar seu último centavo em que, se ela estivesse em casa, estaria gritando com a TV com plena convicção. A única diferença seria que, como não há nada a perder, ela não exigiria certeza e, portanto, se sentiria *mais* certa.

Sem dúvida, antes de você começar a tentar atacar seu TOC de maneira diferente, você gastou muito tempo e esforço tentando evitar a incerteza e sentir-se absolutamente certo das coisas. No entanto, agora você sabe que essa busca é contraprodutiva e pode ver a incerteza como sua nova melhor amiga!

DICA

Lembre-se de que quanto mais incerto você se sente (sem responder ou tentar resolver nada), mais você ajuda a si mesmo a aprender a não precisar da certeza. Quanto menos você exigir a certeza, mais certo se sentirá.

Humor

Como Oscar Wilde disse, "a vida é uma coisa muito importante para se falar sério sobre ela", que é um lembrete sobre o fato de que levar as coisas muito a sério as dificulta, em vez de facilitar. Quando você perde seu senso de humor, tudo parece uma luta, seja algo pequeno como desamarrar um nó ou uma coisa grande como perder um emprego. Até quando pessoas queridas morrem, família e amigos se reúnem e obtêm conforto lembrando de momentos engraçados, usando sorrisos e risadas para ajudá-los a superar a dor.

Então observe sua vida diária e pergunte-se se há humor o suficiente nela. Uma boa dose de risadas melhora seu humor, então, mesmo que você não possa rir do seu TOC agora, encontre coisas que o façam rir, como assistir ao seu comediante favorito ou a um programa de TV, sair com amigos específicos que o fazem rir ou fazer algo "bobo" — o que quer que funcione para você.

EXPERIMENTE

Como um dos maiores fatores mantenedores do TOC é levar seus pensamentos, sentimentos e desejos muito a sério, teste o que acontece quando você reconhece a ridiculosidade dos pensamentos e ri deles.

Sono de Boa Qualidade

Não subestime a importância de uma boa rotina de sono. O sono é a hora em que seu cérebro e corpo se reparam e processam coisas. Estudos recomendam que adultos tenham de sete a oito horas de sono por noite. Embora essa marca nem sempre seja possível, você deveria visar algo próximo disso. Brigar contra o TOC é ainda mais difícil quando você está cansado, então faça um favor a si mesmo e durma mais. Da próxima vez que seu TOC tentar fazê-lo ficar acordado até tarde para realizar compulsões, fale para ele cair fora! Você sempre pode fazer seus rituais pela manhã se não conseguir evitar, mas adiá-los com frequência diminui o desejo de fazê-los.

Estabeleça para si uma hora diária para acordar e a mantenha, independentemente da hora que você foi dormir. Se você acordar às 8 horas da manhã apesar de ter ido dormir às 3 horas da manhã, é menos propenso a ficar até mais tarde na noite seguinte envolvendo-se em comportamentos inúteis (enquanto dormir mais dá mais espaço para que o TOC o mantenha acordado na noite seguinte). Manter esse plano lhe ajuda a resistir ao desejo de se envolver em compulsões quando deveria estar dormindo.

Segundo nossa experiência, a maioria das pessoas com TOC dorme muito pouco, em vez de demais. No entanto, se você estiver no campo de dormir demais, diminua para a quantidade recomendada (mais ou menos) e veja o que acontece. Dormir demais pode realmente deixá-lo mais cansado (é estranho, mas é verdade) e é quase certamente uma maneira de evitar seguir com a sua vida, o que mantém o TOC.

Espontaneidade

Aumentar a espontaneidade é uma ótima maneira de empregar um hospedeiro para armas antiTOC: ela o desafia a correr riscos, promove a sensação de incerteza, ajuda a abandonar o controle, dá espaço para a imperfeição e apoia viver a vida que você quer, em vez de ficar em dívida com as demandas do TOC.

Tente fazer mais coisas de improviso, no último minuto ou sem planejar. Normalmente, as pessoas supõem que precisam manter o controle e a ordem para sentir-se no poder e permanecer em equilíbrio, mas notavelmente o oposto normalmente é o caso.

DICA

Jogue o cuidado fora e veja o que acontece. Note se foi difícil como você previu e observe como você lidou com isso, apesar da falta de planejamento.

Alimentação Saudável

Não somos nutricionistas e não vamos aconselhá-lo sobre o que comer exatamente, mas queremos lembrá-lo de que ter uma dieta saudável e comer regularmente impacta o seu humor e o seu TOC mais do que você imagina. Quando você cuida do seu corpo colocando bom combustível nele (pense em frutas, vegetais, fibras e proteínas) e reduz a quantidade de combustível pouco saudável que você ingere (como açúcar, álcool e fast-food), você beneficia seu corpo e sua mente. Cuidar-se com uma alimentação saudável é uma maneira de se valorizar.

Muitas vezes, o TOC afeta o que você acha que pode comer. Se esse é o seu caso, mais uma razão para escolher como e o que quer comer e manter isso, apesar do TOC.

Vontade de Experimentar Angústia e Desconforto

A menção de sentir mais angústia frequentemente inspira confusão ou até raiva, mas continue conosco e tudo ficará claro. Como você sabe muito bem, quando você tem TOC, experimenta muita angústia e desconforto, apesar de todos os seus esforços para evitá-los ou minimizá-los. Pense nisso como *angústia desperdiçada*, em que, apesar de senti-la, você não está chegando mais próximo de superar seu problema. Agora imagine escolher desafiar seu TOC a vir com tudo e praticar tolerar a angústia e o desconforto. Pense nessa abordagem como uma *angústia válida*, porque quanto mais você aprende a tolerá-la, mais próximo você chega do seu objetivo de superar seu TOC. De qualquer maneira, você sente angústia, então pelo menos que seja do tipo que vale a pena!

DICA

Mude sua atitude em relação à angústia e ao desconforto e veja esses sentimentos como ferramentas com as quais trabalhar para superar seu problema, em vez de obstáculos a serem evitados.

LEMBRE-SE

Angústia e desconforto são seus novos melhores amigos: quanto mais você trouxer esses sentimentos à tona deliberadamente e tolerá-los, melhor você ficará.

Hobbies e Atividades

O TOC tende a consumir muito tempo, por isso, sofredores de TOC normalmente sentem que não têm tempo para se envolver em atividades de que gostam. O TOC expande para preencher o tempo disponível para ele, então quanto mais você foca em fazer as coisas de que gosta (em vez do que seu TOC quer que você faça), menos tempo você tem para se envolver em rituais e ruminações do TOC.

Quando você faz coisas de que gosta, seja costurar, paraquedismo ou outra coisa, você se lembra do que significa ser você e pode encarar mais facilmente o valentão do TOC.

DICA

Considere comprometer-se em fazer uma atividade agradável que envolva outras pessoas. Fazer isso o ajuda a manter seus planos. Quando a única pessoa que perde é você, o TOC pode muito facilmente persuadi-lo a fazer as coisas dele, em vez das suas. Mas se você estiver decepcionando outra pessoa ao mudar os planos, será mais propenso a lutar contra o valentão do TOC.

Aceitação

Aceitação é muitas vezes confundida com resignação, mas é qualquer coisa, menos isso. *Aceitação* é reconhecer coisas pelo que são para que você possa escolher pensar e comportar-se de maneira mais útil para si.

Ao lidar com TOC, a aceitação é particularmente importante em várias áreas:

> » **Aceitação do TOC:** Novamente, este conceito não é sobre se resignar ao TOC ou gostar dele de qualquer maneira. É sobre escolher aceitá-lo como um problema que precisa ser lidado. Muitas vezes, as pessoas duvidam que o que estão experimentando seja realmente TOC e se preocupam que possa ser algo mais sinistro. Quando você aceita que é TOC ou escolhe tratar "como se" você acreditasse que é TOC, pode praticar responder de maneiras úteis.
>
> » **Aceitação de invasões:** Quando você aceita que não pode se forçar a não ter pensamentos, imagens, dúvidas ou sensações invasivas, não importa o quanto você tente, você se liberta de manter o círculo vicioso e lutar uma batalha perdida.
>
> » **Aceitação de concepções errôneas:** Este ponto é sobre como as outras pessoas veem o TOC e como respondem a ele. Muitas pessoas simplesmente não entendem o que o TOC é ou como ele funciona e lhe oferecem conselhos inúteis como "tente não se preocupar com isso" ou "seja forte e não o faça". Esses chavões bem intencionados podem ser frustrantes e provocadores de raiva, mas se você aceitar que muitas vezes as pessoas simplesmente não entendem, você se liberta de uma expectativa irrealizada e pode focar em se ajudar, em vez de se preocupar sobre o que os outros pensam.
>
> » **Aceitação de si:** Talvez a coisa mais importante de todas seja a capacidade de aceitar a si mesmo, apesar dos problemas que está enfrentando. Ter TOC não significa nada sobre quem você é. Lembre-se de que você é um ser humano falível e complexo (assim como todo mundo) que pode pensar e sentir coisas ruins e coisas boas.

Exercícios

Pessoas com TOC normalmente se comprometem com os elementos simples de viver uma vida saudável. Cuidar-se cria uma plataforma forte e saudável pela qual você fica melhor para lidar com seu TOC (e qualquer coisa que a vida jogue para você).

Exercícios não só o deixam fisicamente saudável, mas também impactam no seu humor liberando *endorfinas*, os produtos químicos que o fazem se sentir mais energizado e feliz.

Você não precisa virar um rato de academia para preencher o requerimento de fazer exercício o suficiente. Simplesmente escolher caminhar até o trabalho ou usar as escadas pode fazer uma diferença. Se você puder combinar exercitar-se com fazer algo agradável, como caminhar no parque ou jogar um jogo em equipes, melhor ainda.

DICA

Exercícios não precisam ser chatos. Pense em uma atividade que dê borboletas no estômago ou em que você se sinta uma criança novamente, como nadar ou saltar de um trampolim. Tente coisas: o objetivo é achar no fim algo que combine o suficiente com você e o faça continuar!

> **NESTE CAPÍTULO**
>
> Sendo vítima do medo e da incerteza
>
> Tendo expectativas irreais

Capítulo 13

Dez Armadilhas para Evitar na Recuperação do TOC

Seu TOC não diminuirá sem luta. Seu cérebro é rápido em manter hábitos (não importa o quão inúteis!), e só o pensamento que causa o TOC já é propenso a atrapalhar a recuperação. A melhor maneira de evitar qualquer obstáculo é vê-lo chegando. Para ajudar com isso, aqui estão alguns dos obstáculos mais comuns que vemos as pessoas encontrarem ao longo dos anos.

Precisar Estar 100% Certo de que Você tem TOC Antes de Começar

Obter um diagnóstico de TOC de um profissional não impede as pessoas de questionarem se estão 100% certas de ter TOC. A armadilha é parte da atitude "alérgica" em relação à incerteza que sustenta o TOC. Não espere até estar absolutamente certo que é TOC antes de fazer mudanças. Você nunca estará absolutamente certo. Se os sintomas que você tem são uma combinação boa o suficiente para o diagnóstico de TOC, você aprenderá muito mais sobre ver como eles respondem se tratar sua condição como se fosse TOC.

Medo de que a Mudança Será Muito Difícil

Libertar-se do TOC pode ser difícil, embora muitas pessoas nos digam que não é muito mais difícil do que viver com TOC. Na verdade, o problema real aqui é o intervalo entre a dificuldade antecipada de encarar seu TOC (que pode ou não ser tão ruim quanto você acha) e o alívio prometido (mas, na melhor das hipóteses, raramente entregue) de chegar ao lugar onde sua fuga, suas compulsões e outras estratégias de buscar segurança funcionaram. TOC é difícil. Ficar livre dele é melhor. Mudar é difícil, mas vale a pena. Tente. Você sempre pode voltar às estratégias originais se descobrir que estavam realmente funcionando melhor. Não deixe o valentão do TOC tirar seus direitos antes de tentar.

Confundir a Afirmação dos Seus Direitos com a Tirania do TOC

Para algumas pessoas, esta armadilha pode ser muito importante. Elas ficam convencidas de que as pessoas devem respeitar seus direitos de evitar gatilhos ou ter suas regras e rituais cumpridos. Essa mentalidade pode levar a muito atrito com outros e deixar a pessoa com TOC empregando tempo e esforço em argumentos que são completamente autodestrutivos. O que esses caras esquecem é que é o seu TOC, e não seus eus verdadeiros, que guia o volante para seus "direitos". Trate de buscar seus valores e paixões, mas se certifique de que não são seu TOC em pele de cordeiro.

Procurar Apenas a Pessoa Certa para Ajudá-lo

Obter o tratamento certo para seu TOC é importante, mas note se buscar o terapeuta ou psiquiatra certo está dificultando ou ajudando. Se você encontrar um profissional que não é nada compreensivo, compassivo ou construtivo, então peça para ver outra pessoa. Mas tome cuidado para não deixar seu TOC manobrar você para evitar ver qualquer profissional porque essa pessoa pode não ser *a* profissional para você.

Insistir em um Tratamento 100% Completo

Uma compulsão comum em TOC é a necessidade de ser completamente entendido, o que pode, às vezes, levar a conversas muito longas e repetitivas e terapeutas exaustos (e frequentemente confusos). Algumas pessoas também ficam presas à ideia de que precisam pegar a raiz de tudo e entender tudo. Há de fato algum debate sobre o quanto os serem humanos podem ser completamente revelados a partir de seus problemas do início da infância até seus maus hábitos de adultos. Não perca a floresta pelas árvores. O TOC é tão grande e feio que melhorá-lo imperfeitamente é como ter um impacto muito substancial na sua qualidade de vida.

Não Ser Claro em Seu Objetivo

Curiosamente, superar o TOC não pode ser seu objetivo inicial. Seu cérebro tem dificuldades em manter a ausência de algo. A chave é ver a superação do TOC como um meio para um fim. Pense cuidadosamente em como você quer ser diferente como um resultado — algo para realmente visualizar e visar. Use esse objetivo para lhe dar um foco quando estiver trabalhando duro para vencer suas obsessões, encarar seus medos e parar seus rituais. Vá para o Capítulo 8 para mais sobre clarear seu objetivo de TOC.

Confundir Liberdade do TOC com Liberdade de Pensamentos Invasivos

Como notamos ao longo do livro, você não tem controle sobre o que surge na sua cabeça. Pensamentos, dúvidas, imagens e desejos invasivos são completamente normais. Eles não são TOC, e não são o problema. É o medo, a culpa, a vergonha e outras formas de desconforto que são o problema (assim como a quantidade de tempo consumido e os rituais e a fuga em que pode se envolver). Trabalhe para melhorar seus comportamentos e resposta emocional e mantenha a pureza de permitir que eventos mentais cuidem de si mesmos e encontrará um caminho muito mais claro para a recuperação.

Ficar com Muito Medo de Piorar as Coisas

Ninguém quer piorar um problema como o TOC. No entanto, uma das razões mais comuns de um problema se tornar crônico é o medo de que uma tentativa de mudança piore as coisas. A terapia é um experimento que pode fazê-lo sentir-se pior em curto prazo, mas é muito mais propensa a ajudá-lo a melhorar em longo prazo. Esse medo é completamente natural e mais bem tratado como outro "e se" a praticar.

Indo para o "Normal" Cedo Demais

A maioria das pessoas, em um grau alto, só querem ser "normais". O problema é que a forma real e a boa saúde raramente vêm do normal. A saúde física é muito frequentemente bem anormal. Exercícios de fisioterapia podem parecer positivamente estranhos, e as medicações e operações estão muitas vezes fora das experiências cotidianas de uma pessoa. Ficar realmente em forma significa um nível de treinamento que quase certamente não é a regra.

O ponto, claro, é que o tratamento para TOC não é diferente. O elemento mais importante é a extensão pela qual você tem que deliberadamente buscar seus gatilhos temidos/evitados para obter prática suficiente, em vez de confiar na abordagem que parece mais normal de parar os rituais como a verificação.

Não preencher o Vazio Cedo o Suficiente como uma Medida de Prevenção de Recaídas

Assim que você começar a tirar o TOC da sua vida, comece a instalar outras atividades importantes em seu lugar. Você normalmente escuta especialistas dizerem que o TOC ama um vácuo ou que o TOC dá trabalho para mãos vazias (ou mentes). Quando você corta uma atividade consumista como manter o TOC na sua vida, você cria tal vácuo. Dê à sua mente uma ajuda para ficar longe dos processos comportamentais e mentais do TOC construindo uma vida que inclua atividades que preencham o vazio.

Índice

A

aceitação, 145
ações antiTOC, 70–71
ações, baseadas em pensamentos, 41–42
acomodação pelos seus entes queridos, evitando, 134–135
afastando pensamentos, 53–54
aflição, vontade de experimentar, 143
ajuda profissional, 123, 129, 149
amigos, apoiando pessoas com transtorno obsessivo-compulsivo
　acomodação, evitando, 134–135
　distinguir entre a doença e entes queridos, 128
　encorajando progressos, 133
　evitando reafirmação, 129
amizades, avaliando, 116
ansiedade
　baseando a avaliação dos pensamentos sobre sentimentos, 36
　exemplos de, 17
　interações de pensamentos, emoções, comportamentos e sensações físicas, 19
　resposta fisiológica, 17
　vontade de experimentar angústia e desconforto, 143
ansiedade de saúde, 9
antidepressivos, 17, 121–122
aprendizagem, tendo interesse em, 116, 121
assistente de exercício do artista, 63

atenção
　desafio, 59
　exercício, 57–58
　exercício de alarme, 59
　redirecionamento, 59
atitude em relação a pensamentos, mudando, 53
atividades de lazer, tendo interesse em, 121
atividades mentalmente desafiadoras, envolvendo-se em, 64
autoaceitação, 145
autodesenvolvimento, tendo interesse em, 121
avaliação dos pensamentos, 36

C

causas ambientais do transtorno obsessivo-compulsivo, 10
causas biológicas do transtorno obsessivo-compulsivo, 10
causas do transtorno, 10–11
causas psicológicas do transtorno obsessivo-compulsivo, 10
certeza do diagnóstico, 148
cognição. *Consulte também* pensamentos
　discussão geral, 16
　interação com as emoções, comportamentos e sensações físicas, 19–20
　pensar *versus* pensamentos, 32–33
colaboração com os terapeutas, 123
comportamento. *Consulte também* compulsões;
rituais
　antiTOC, 70, 84, 90–92, 93–94
　interação com emoções, pensamentos e

sensações físicas, 19–20
observável, 18–19
comportamento antiTOC, 70, 84, 90–92, 93–94
comportamento de melhoria de vida
　aceitação, 145
　correndo riscos, 140
　espontaneidade, 143
　exercício, 146
　hábitos alimentares saudáveis, 143
　humor, 141
　passatempos e atividades, 144
　qualidade do sono, 142–143
　tolerância de incerteza, 141–142
　visão geral, 139
　vontade de experimentar angústia e desconforto, 143
compulsões. *Consulte também* compulsões mentais
　aumentar, 11
　comportamentos observáveis, 18–19
　definido, 11
　exemplos comuns, 21–22
　realizando após a exposição, 93–94
　recuperando-se de, 11–12
compulsões evidentes, 82
compulsões mentais, 47–49
　afastando pensamentos, 53–54
　atitude em relação a pensamentos, mudando, 53
　consciência plena isolada, 56
　controlando respostas, 58–59

Índice　153

lista de, criando
   para a exposição
   e prevenção de
   resposta, 81-82
preparação mental, 50
reafirmação, 49
redirecionamento de
   atenção, 59
verificando, 49-50
compulsões ocultas, 82
consciência plena, 57
contaminação
   exercícios de EPR, 90
   lista de compulsões,
      criando para EPR,
      81-82
   palmas das mãos
      suadas, 17
contaminação física, 21
controlando respostas
   exposição deliberada, 72
   ganhando poder sobre
      os pensamentos,
      58-59
   mudando atitudes
      para pensamentos,
      54-56
correndo riscos, 140
crenças
   falta de controle sobre
      os pensamentos,
      44-46
   fusão de probabilidade
      do pensamento-ação,
      41-42
   negativos, sobre
      pensamentos
      automáticos, 40
   obsessões com base
      em, 38
   pensamento mágico, 46
   responsabilidade,
      senso e prevenção de
      eventos, 43
culpa
   baseando avaliação dos
      pensamentos sobre
      sentimentos, 36
   exemplos de, 17
   interações de
      pensamentos,
      emoções,
      comportamentos
      e sensações físicas,
      19-20

cura para o transtorno
   obsessivo-compulsivo,
   11-12, 27. Consulte
   também recuperação do
   transtorno obsessivo-
   compulsivo

D

danos acidentais, o medo
   de, 23, 91
dependência de
   medicamentos, 121-122
desconforto
   associado com EPR,
      72, 94
   vontade de
      experimentar, 143
desgosto
   baseando avaliação dos
      pensamentos sobre
      sentimentos, 36
desmembrando tarefas
   impossíveis, 86-87
desordem de acumulação, 9
desordens relacionadas
   com transtorno
   obsessivo-compulsivo, 10
desprendimento
   consciente, 54-56
diagnóstico
   certeza de, 148
   questionário de
      triagem, 9
direitos das pessoas com
   transtorno obsessivo-
   compulsivo, 148
distrações
   afastando
      pensamentos, 53-54
   versus
      redirecionamento, 64
dormir demais, 142-143
duração do tratamento, 149
dúvida
   aceitação da, 148
   deixando pensamentos
      intrusivos passarem, 33
   reafirmação de seus
      entes queridos,
      evitando, 129-130
   sobre a certeza do
      diagnóstico, 148
   tolerância de incerteza,
      141-142

E

educação, valores
   definindo a respeito, 115
efeitos colaterais da
   medicação, 121-122
emoções. Consulte
   também as emoções
   específicas por nome
   baseando avaliação
      dos pensamentos
      sobre, 36
   equação da obsessão,
      35-38
   interação com
      pensamentos,
      comportamentos
      e sensações físicas,
      19-20
   prevalente em TOC, 17
enfrentando pensamentos
   indesejados, 58-59.
EPR (exposição e
   prevenção de resposta)
   ações antiTOC, 70,
      84, 94
   acompanhando o
      progresso, 105
   agendamento, 96
   baixos níveis de
      estresse com
      exercícios, 95
equívocos, aceitação, 145
esfaqueamento, medo de
   causar danos por, 79
espiritualidade
   atividades relacionadas
      com, tendo interesse
      em, 121
   definição de valores
      relacionados a, 115
   transtorno obsessivo-
      compulsivo religioso,
      71, 92
espontaneidade, 143
estratégia preventiva para
   compulsões mentais,
   58-59
eventos internos,
   pensamentos tratando
   como, 55-56
exercício bilhete de loteria,
   43
exercício de alarme, 59

exercício de empurrar a porta, 54
exercício de reter a atenção, 59
exercício do assistente do artista cego, 63
exercício do elefante cor-de-rosa, 44
exercício do locatário esquecido, 62
exercício físico, 146
exercícios
　alarme de atenção, 59
　assistente do artista cego, 63
　baixos níveis de angústia com, 95
　bilhete de loteria, 43
　detetive disfarçado, 63
　diariamente, 103-104
　elefante cor-de-rosa, 44
　empurrando porta, 54
　ideias para, 90-92
　imaginando a morte do ente querido, 46
　locatário esquecido, 62
　retendo a atenção, 59-60
exposição da vida real, 89
exposição deliberada, 72
exposição, deliberada, 72
exposição e prevenção de resposta (EPR)
　ações antiTOC, 70, 84, 93
　agendamento, 96
　baixos níveis de estresse com exercícios, 95
　começando, 83-84
　compulsões,
　　realizando depois da exposição, 93-94
　contratempos, 97-98
　desmembrando tarefas impossíveis, 86-87
　estratégia de planejamento, 102-103
　exercícios diários, 103-104
　exposição deliberada, 72
　ideias de exercício, 90-92

lista de compulsões, criando, 81-82
medo de agravamento dos sintomas, 76
obstáculos, lidando com, 93-97
perguntas sobre, 73-76
princípio desafiador não esmagador, 85
seguindo o progresso, 105
tempo de recuperação, 76
tendências perfeccionistas no tratamento, 96
visão geral, 15, 67, 78
exposição imaginária, 89
exposição simulada, 89

F

falta de progresso, respondendo, 138
focando em recuperar a vida, 120
foco externo, desenvolvimento, 61-62
foco interno, redirecionamento, 61
foco, redirecionando de interno para externo, 61
forçando mudanças, 128-129
FPA (fusão pensamento-ação), 41
fuga
　comportamentos observáveis, 18-19
　de gatilhos para obsessões, 12
　direito de, 148
　distrações, 64
　e medo, 20
fusão da probabilidade do pensamento-ação, 41

G

garantia de busca
　compulsões mentais, 48-49
　de seus entes queridos, evitando, 129-130
gêmeo sem TOC, 20

H

hábitos alimentares, 143
habituação, 69, 87
hierarquia
　começando, 84
　construindo, 78-80
　desmembrando tarefas impossíveis, 86-87
　trabalhando através, 87-88
hobbies
　a busca do ser amado por, 134-135
　definindo valores, 115
　substituindo o vazio do TOC com atividades significativas, 151
　tendo interesse em, 121, 144
humor, 141

I

imagens, como gatilhos, 13
incentivos para o progresso, 106-108
interesses
　a busca do ser amado por, 134
　definindo valores, 115
　focando na busca, 121, 144
　substituindo o vazio do TOC com atividades significativas, 151
interesses pessoais
　busca do amado por, 134-135
　definindo valores, 115
　focando na busca, 121, 144
　substituindo o vazio do TOC com atividades significativas, 151
interpretação dos pensamentos, 32-34
interpretação negativa de pensamentos, 35
interpretação positiva de pensamentos, 35
introspecção, 51
in vivo, 89

Índice   155

J

jardinagem psicológica, 75, 87
jarros, recompensa, 106-108

L

lista de riscos, 140
lugares, como gatilhos, 13

M

marcos, criando, 106-108, 107-109
más interpretações de pensamentos intrusivos, 16
medicação, 17, 121-122
meditação, consciência plena, 57
meditação da consciência plena, 57
medo
 da impossibilidade de superar o TOC, 148
 da violência, 23, 91
 de danos acidentais, 23, 91
 de piorar os sintomas com a terapia, 150
hierarquia, construção, 78-80
racionalizando, 49-50
metacognição, 33
metas
 compreensão, 149
 da terapia comportamental cognitiva, 100-101
 marcos, criando, 106-108, 107-109
 recompensas para os esforços, 106-108
 versus valores, 114
modelo hot cross bun, 16
morte do ente querido, exercício, 46
motivação, 106-108
mudança
 encorajando, 133
 falta de, respondendo a, 138
 forçando entes queridos, 128-129

motivação, 106-108
mudando
 pensamentos, 53
 paciência, 106, 133
 reconhecendo o progresso, 106-108, 133

N

normalidade, desejo de, 151
notícias, como gatilhos, 13
nutrição, 143

O

obsessões
 baseadas em ideias fora de caráter, 37
 definidas, 10
 envolvendo-se com, 48-50
 equação da obsessão, 35-38
 evitando gatilhos para, 13
 exemplos comuns, 10, 21-22
 introspecção, 51
 preparação mental, 50
 racionalizando, 49-50
 reafirmação, 49
 recuperação de, 11-12
 verificando, 49-50
os valores da comunidade, definindo, 116

P

paciência, 106, 133
palmas das mãos suadas, 17
pensamento mágico, 46
pensamentos. Consulte também cognição;
pensamentos invasivos
 afastando, 54-55
 automático, 32
 avaliações de, 35-38
 descrição, 31
 fora do caráter, 37
 fusão moral do pensamento-ação, 41
 interpretação, 35-38
 invasivo versus resposta, 33-34

probabilidade de fusão pensamento-evento, 42
redirecionamento de atenção, 59
responsabilidade, senso e prevenção de eventos, 43
resposta, 33
rindo do ridículo, 141
sentimentos, avaliando com, 35-38
suprimindo, 51-52
versus pensamento, 32-33
pensamentos automáticos
 aceitação de, 150
 crenças negativas sobre, 40
 falta de controle sobre, 44-46
pensamentos de contaminação, 21, 90
pensamentos de resposta
 controlando, 54-56
 discussão geral, 33
 versus pensamentos invasivos, 33-34
pensamentos invasivos. Consulte também pensamentos
 aceitação, 145, 150
 assuntos típicos para, 33
 atitude para, mudando, 53
 círculo vicioso de controle, 45
 desprendimento consciente, 54-56
 escrevendo, 86-87
 falta de controle sobre, 44-46
 interpretação, 35-38
 más interpretações de, 16
 normalizando, 33
pensamentos sexuais
 discussão geral do TOC relacionado, 22
 exercícios de EPR, 90
 resposta fisiológica, 17
pensar versus pensamentos, 32-33

156 Controlando o TOC com TCC Para Leigos

personalidade e transtorno obsessivo-compulsivo, 10
pessoas, como gatilhos, 13
plano diário
   exercícios de EPR, 103–104
   lista de verificação para, 105
   marcos, criando, 101
   planejamento de EPR, 102–103
   rastreamento de EPR, 105
   visão geral, 99
preocupações, distinguindo legítima, 136–137
preocupações legítimas, distinguindo, 136–137
preparação mental, 50
prevenção de resposta. *Consulte também* a exposição e prevenção de resposta (EPR)
   limitações de, 69–70
   visão geral, 68
princípio desafiador não esmagador, 85
progresso
   contratempos, 97–98
   encorajando, 133
   falta de, respondendo a, 138
   incentivos para, 106–108
   rastreando, 105
   reconhecendo, 106–108, 133
   ritmo, 130
progressos encorajadores, 133
puro, 47, 76

Q

qualidade de vida
   aceitação, 145
   correndo riscos, 140
   espontaneidade, 143
   exercício, 146
   hábitos alimentares saudáveis, 143
   humor, 141
   passatempos e atividades, 144
   qualidade do sono, 142–143
   tolerância de incerteza, 141–142
   vontade de experimentar angústia e desconforto, 143
qualidade do sono, 142–143
questionário de triagem de diagnóstico, 9
questionário de triagem do Conselho Internacional de TOC, 9
questionário para diagnóstico, 9

R

racionalizando, 49–50
raiva, a exposição e, 72
razões para pensamentos obsessivos, tentando encontrar, 50
recompensas para os esforços, 107–108
reconhecendo progresso, 107–108
recuperando a vida do transtorno obsessivo-compulsivo
   aceitação, 145
   ajuda profissional, 123
   hobbies e interesses, buscando, 121, 144
   medicação, 121–122
   traços de personalidade negligenciadas, examinando, 120
   valores, definindo, 114–116
redirecionamento, atenção, 59, 64
relacionamento de transtorno obsessivo-compulsivo, 22, 51, 90
relacionamentos íntimos, avaliando, 115
relacionamentos românticos, avaliando, 115
relações, avaliando, 116
relações familiares, avaliando, 115
religião, valores definindo a respeito, 116
resistência à mudança, 128
responsabilidade, sentido de, 43
resposta fisiológica no TOC, 17, 19–20
respostas automáticas, de regulação, 58–59
rindo, 141
ritmo de recuperação, 130
rituais
   definido, 11
   direito de, 148
   lista de, criando para a exposição e prevenção de resposta, 81–82
   recusa de entes queridos em participar, 131
ruminação do TOC, 76

S

saúde
   definindo valores relativos, 117
   exercício, 146
   hábitos alimentares, 143
   qualidade do sono, 142–143
sensações físicas
   equação da obsessão, 35–38
   interação com emoções, pensamentos e comportamentos, 19–20
   verificando, 49–50
sentimentos. *Consulte também* sentimentos específicos por nome
   baseando avaliação dos pensamentos em, 36
substâncias, como gatilhos, 13
substituindo pensamentos, 53
suprimindo pensamentos, 51–52

T

TAC (Terapia de Aceitação e Compromisso), 114

Índice   157

tarefas impossíveis, desmembrando, 86-87
TCC (terapia cognitivo-comportamental)
　cognição, 16
　componentes de, 15
　comportamentos, 18-19
　discussão geral, 15
　interações de pensamentos, emoções, comportamentos e sentimentos físicos, 19-20
　resposta fisiológica, 17
　teorias relacionadas com, 26
TDC (transtorno dismórfico corporal), 9
tendências perfeccionistas em tratamento, 96
terapeutas, 123, 129, 149
terapia cognitivo-comportamental (TCC)
　cognição, 16
　componentes de, 15
　comportamentos, 18-19
　emoções, 17
　interações de pensamentos, emoções, comportamentos e sentimentos físicos, 19-20
terapia de aceitação e compromisso (ACT), 114-117
terapia psicológica. *Consulte também* terapia cognitivo-comportamental (TCC)
TOC. *Consulte também* transtorno obsessivo-compulsivo
　versus tendências normais, 8-9
　traços de personalidade, examinando negligenciados, 120
　traços de personalidade negligenciadas, examinando, 120

traços psicológicos associados com o transtorno obsessivo-compulsivo, 10
transtorno de cutucar a pele, 9
transtorno de puxar o cabelo (tricotilomania), 9
transtorno dismórfico corporal (TDC), 9
transtorno obsessivo-compulsivo blasfemo, 24, 92
transtorno obsessivo-compulsivo de ordenação, 24, 90
transtorno obsessivo-compulsivo de simetria, 24, 92
transtorno obsessivo-compulsivo religioso, 24, 70, 92
transtorno obsessivo-compulsivo sensório-motor, 23, 92
transtorno obsessivo-compulsivo supersticioso, 24, 83, 92
transtorno obsessivo-compulsivo (TOC)
　características de, 8-9
　causas de, 10-11
　compulsões, 11
　cura para, 11-12
　evitando gatilhos para obsessões, 13
　obsessões, 10
　problemas relacionados, 8-9
　questionário de triagem, 9
　tipos de, 21-22

V

valores sociais, definindo, 115. *Consulte também* apoiando os entes queridos com transtorno obsessivo-compulsivo
　afirmação de direitos, 148

ajuda profissional, 123, 129, 149
certeza do diagnóstico, 148
duração do tratamento, 149
foco em recuperar a vida, 120
medo da dificuldade de superar, 148
medo de piorar os sintomas, 150
normalidade, desejo de, 151
objetivos, entendendo, 149
pensamentos invasivos, aceitando, 150
substituindo o vazio do TOC com atividades significativas, 151
tomando o controle, 117
traços de personalidade negligenciadas, examinando, 120
tratamento de preocupações e medos como improcedente, 26
valores, definindo, 114-116
vergonha, 72
verificação de informação, 50
verificação de memória, 50
verificação de pensamento, 50
verificação de sensações, 50
verificações de resposta, 50
verificações emocionais, 50

158　Controlando o TOC com TCC Para Leigos